Gotthold
Beck

Und wenn du schon mit 20 stirbst?

実を結ぶ命

Die Lebensgeschichte der Lindtraut Beck

dlv

ISBN 3-89436-129-4 (CV)
ISBN 3-89397-786-4 (CLV)
(Früher erschienen unter dem Titel "Das Ziel vor Augen")

© Copyright 1989 by Christliche Verlagsgesellschaft,
Dillenburg
5. (neu überarbeitete) Auflage 1996
Satz: P. Schuler, Essen
Umschlaggestaltung: Eberhard Platte, Wuppertal
Druck: Elsnerdruck, Berlin
Printed in Germany

Inhalt

Dies Büchlein sei denen gewidmet, die den Herrn Jesus lieb haben und Ihn besser kennenlernen wollen und denen, die durch Not und Leid vorbereitet sind die durch die Bibel angebotene Erlösung anzunehmen! Es soll Licht werden im Leben derer, > die durch Todesfurcht das ganze Leben hindurch der Knechtschaft unterworfen sind<.

Weil nun die Welt da, wo Gott Seine Weisheit offenbart,
Ihn tatsächlich nicht erkannt hat, und zwar deshalb nicht,
weil ihre eigene Weisheit sie daran hinderte,
hat Gott Seine Lust daran,
durch die Torheit der Botschaft zu retten,
die da glauben.
1.Korinther 1,21

>Ich bin der Weinstock, ihr seid die Reben.
Wer in mir bleibt und ich in ihm,
der bringt viel Frucht,
denn getrennt von mir könnt ihr nichts tun.<
Johannes 15,5

>Wahrlich, wahrlich, ich sage euch:
Wenn das Weizenkorn nicht in die Erde fällt und stirbt,
bleibt es allein;
wenn es aber stirbt, bringt es viel Frucht.<
Johannes 12,24

Ein WORT DER EMPFEHLUNG
für die japanische Ausgabe:

"Denn ich bin gewiß, daß weder Tod noch Leben mich von Ihm scheiden kann. Ja, daß nichts und niemand mehr mich trennen kann von der Liebe meines HERRN."

Römer 8,38-39

Als Linde Beck Anfang Juli ins Krankenhaus mußte, war niemand bekannt, welchen Verlauf die Krankheit nehmen würde. Wir ahnten nichts von den heiligen Plänen unseres HERRN, der sie mit 20 Jahren schon für Seine ewige Heimat bereitet hatte. Als sie am 20. August ihren irdischen Dienst beendete, ging für Linde selbst ein sehnlicher Wunsch in Erfüllung, nämlich: "Bei Ihm zu sein!"

Sie wollte Jesus gern Frucht bringen, und viele können bezeugen, daß Er durch Linde reiche Frucht gewirkt hat. Ihre "Palmenklasse" ist dabei wohl zuerst zu nennen, dann Mitpatientinnen, die das Zimmer mit ihr teilten, Ärzte und Schwestern, und nicht zuletzt die japanischen Geschwister und Freunde, die noch gekommen waren. Wir danken dem HERRN, daß wir Linde hier bei uns haben durften. Ihr Heimgehen hat uns die Ewigkeit näher gebracht.

Immer wieder hörten wir in den vergangenen Monaten, daß hin und her Menschen gesegnet wurden durch die heimgegangene Linde und dies nicht nur hier in Deutschland, sondern auch in Japan. Daß nun das Zeugnis Lindes in Buchform in japanischer Sprache erscheint, ist für mich eine ganz große Freude! Mögen viele dadurch einen inneren Anstoß erhalten, nicht nur nach dem Sinn des Leides und des Lebens überhaupt zu fragen, sondern in Jesus Christus den erleben, der dem Tode die Macht genommen und Leben und unvergängliches Wesen ans Licht gebracht hat durch das Evangelium (2. Timotheus 1,10).

Kirchheim-Teck, Ostern 1981

Schwester Elisabeth Gemeinhardt

Ein WORT DER EMPFEHLUNG
für die deutsche Ausgabe:

"Wenn jemand den HERRN nicht lieb hat, der sei verflucht! Maranatha!"

1. Korinther 16,22

Mit diesem Wort möchten wir unsere Geschwister in Deutschland herzlich grüßen. Wir leben in der Endzeit. Der Herr Jesus kommt bald! Mehr denn je geht es um unser ganz persönliches Verhältnis zu unserem Erretter. Es genügt nicht, eine gewisse Form zu besitzen. Lebens- und Liebesgemeinschaft mit dem Herrn Jesus tut not. Allein dadurch wird unsere Umgebung heilsverlangend.

Viele von Euch werden gehört haben, daß der HERR die Tochter von Bruder Gotthold Beck schon vor Jahren heimgerufen hat. Diese Tochter Lindtraud hatte den Wunsch, als Missionarin nach Japan zurückzukommen. Bis zum letzten Augenblick war ihr Verlangen: FRUCHT FÜR JESUS zu bringen. Dies Verlangen hat der HERR auch uns als Versammlung aufs Herz gelegt. Resultat war das vorliegende Büchlein, das im Jahre 1981 erschien. Der japanische Titel heißt: Mi o musubu Inochi - Ein Leben, das Frucht bringt! Bis heute bringt das dem HERRN hingegebene Leben Lindtrauds Frucht für die Ewigkeit. Gläubige gaben sich neu dem HERRN hin und Ungläubige erkannten, daß hinter allem Vergänglichen und Zeitlichen eine Ewigkeit wartet und allein der Herr Jesus echte Befriedigung schenkt.

Im 1. Teil berichtet zum größten Teil der Vater selbst über seine Tochter Linde und ihr Leben.

Im 2. Teil kommt Linde selbst zu Wort, durch ihre Bibelarbeiten, die sie für ihre Mitstudenten gehalten hat und ihre Bibelanmerkungen.

Im 3. Teil weist Bruder Beck, der schon im Jahre 1953 nach Japan kam und dem besonders die vielen Männer, die durch ihr Geschäft praktisch beschlagnahmt sind, auf dem Herzen liegen, darauf hin, daß die Botschaft der Bibel überhaupt nichts mit Religion zu tun hat. Es ist

Offenbarung Gottes. Es sind ewige Tatsachen, mit denen wir in der Bibel, Gottes Wort, konfrontiert werden.

Weiterhin sollen die vielen Gläubigen gewarnt werden vor der mehr und mehr um sich greifenden charismatischen Bewegung.

Daß der auferstandene HERR in mitten der Versammlungen wandeln kann, d.h. sich offenbaren und die Gläubigen als Werkzeuge gebrauchen kann, dieses Gebet und Verlangen begleitet nun auch die deutsche Ausgabe.

Vielleicht sollte noch betont werden, daß beim Verfassen der japanischen Ausgabe nicht an Deutschland gedacht wurde. Was für den Deutschen selbstverständlich sein mag, ist für die japanische Mentalität oft ein undurchdringliches Dunkel. Aus diesem Grund wurde z.B. mit Nachdruck auf den Unterschied Religion und Offenbarung hingewiesen.

Eine zweisprachige Titelseite gibt es wohl selten. Während bei der japanischen Ausgabe die Frohbotschaft unterstrichen wurde: "Den Nationen den unausforschlichen Reichtum Christus"; darf nun bei der deutschen Ausgabe froh betont werden: "Er kam und hat Frieden verkündigt euch, den Fernen, und Frieden den Nahen. Denn durch Ihn haben wir beide - wir Japaner und Ihr Deutschen - durch EINEN Geist den Zugang zum Vater." Epheser 2,17-18

Tokyo, im Februar 1989

Christliche Versammlung Tokyo

VORWORT

Einige Jahre habe ich früher in der Landesbibliothek in Tokyo eine Klasse für Bibelstudium gehabt. Jedesmal, wenn ich die Bibliothek betrat, freute ich mich über das Wort Jesu am Haupteingang: Die Wahrheit macht frei!

Dieses Wort gilt jedoch auch für viele Kranke. Meist ist es für einen Schwerkranken schmerzlich, über den eigenen Zustand Bescheid zu bekommen. Die reinsten Täuschungsmanöver werden von Ärzten und Angehörigen unternommen. Diese sogenannte Schonung ist aber weder Hilfe noch Befreiung, denn nur die Wahrheit kann auch da frei machen. Alle Illusion ist Betrug. Um der Wahrheit willen muß das Wagnis geschehen. Wer um den eigenen Zustand weiß, kann in einen Zustand der Verzagtheit und der tiefen Trauer kommen. Doch wohl jedem, der dann erfährt: Ich brauche nicht in der Verzweiflung bleiben, denn Jesus lebt. Dieser Erlöser konnte bezeugen: > Ich bin der Lebendige, Ich habe die Schlüssel des Todes und des Totenreiches!< Auf diesen Gott vertrauen, bedeutet ewige Sicherheit.

Der Mensch steht vor einem Scheideweg: Muß ich resignieren oder kann ich hoffen? Dieses Büchlein möchte bezeugen: Es ist nicht nötig, einfach aufzugeben. Denn der einzig lebendige Gott ist der Gott der Hoffnung, der Gott für die Hoffnungslosen. Er kann auch in hoffnungslosen Lagen mit echter Hoffnung erfüllen.

Wer diesen lebendigen Gott durch Jesus Christus kennenlernt, erfährt: > In allem sind wir bedrängt, aber nicht erdrückt; keinen Ausweg sehend, aber nicht ohne Ausweg; verfolgt, aber nicht verlassen; niedergeworfen, aber nicht vernichtet.< (2.Korinther 4,8-9).

Auch uns ruft dieser Lebendige zu: >In der Welt habt ihr Drangsal; aber seid guten Mutes, ich habe die Welt überwunden.< (Johannes 16,33).

Als unsere Linde von ihrem hoffnungslosen Zustand erfuhr, war ihre spontane Antwort: Dann freue ich mich, daß ich bald zum Herrn Jesus darf. Was mich allerdings beschwert, ist die Tatsache, daß ich so wenig Frucht für ihn bringen durfte. FRUCHT FÜR JESUS BRINGEN, war bis zur letzten Stunde ihr Verlangen und Gebet. Und es ist einfach erstaunlich, wie dieses Gebet seither Erhörung fand.

Gottes Wort sagt: >Gesegnet ist der Mann, der auf den HERRN vertraut und dessen Vertrauen der HERR ist! Er wird sein wie ein Baum, der am Wasser gepflanzt ist und am Bach seine Wurzeln ausstreckt und sich nicht fürchtet, wenn die Hitze kommt. Sein Laub ist grün, im Jahr der Dürre ist er unbekümmert, und er hört nicht auf, Frucht zu tragen.< Jeremia 17,7-8

Einziges Ziel dieses Büchleins ist, daß FRUCHT FÜR JESUS, d.h. Frucht für die Ewigkeit entsteht. Gott, der HERR, fordert uns auf: >Schaut den Ausgang ihres Wandels an, und ahmt ihren Glauben nach!< (Hebräer 13,7). Auch dies ist mit ein Grund, weshalb dies Büchlein verbreitet werden soll. Es soll nicht irgendwie Mitleid erregt werden. Wir möchten bezeugen, daß der HERR durch Lindtrauds Krankheit Seine Herrlichkeit geoffenbart hat und in allen Versuchungen, Schmerzen und Leiden mit wahrer Hoffnung erfüllt.

Die achtjährige Eika sagte zu ihrer Mutter: So wie Linde, möchte ich auch einmal sterben!

Gotthold Beck

O Gott, Dir sei Ehre, der Großes getan.
Du liebtest die Welt, nahmst der Sünder Dich an!
Dein Sohn hat Sein Leben zum Opfer geweiht.
Der Himmel steht offen zur ewigen Freud'.

O große Erlösung, erkauft durch Sein Blut!
Dem Sünder, der glaubt, kommt sie heute zugut'!
Die volle Vergebung wird jedem zuteil,
der Jesus erfasset, das göttlich Heil.

Wie groß ist Sein Lieben! Wie groß ist Sein Tun!
Wie groß uns're Freude, in Jesus zu ruh'n!
Doch größer und reiner und höher wird's sein,
wenn jubelnd und schauend wir droben zieh'n ein!

Preist den HERRN! Preist den HERRN!
Erde, hör diesen Schall!
Preist den HERRN! Preist den HERRN!
Völker, freuet euch all!
O kommt zu dem Vater, in Jesus wir nah'n.
Und gebt Ihm die Ehre, der Großes getan!

I. ANGESICHTS DES TODES

1. DER TOD IST VERSCHLUNGEN IN SIEG

Von den unverheirateten Schwestern der Versammlung wurden meine Frau und ich eingeladen. Unsere Silberhochzeit sollte gefeiert werden. Wir wurden nicht nur beschenkt, es gab auch Kaffee und Kuchen. Bei angeregter Unterhaltung wurde uns plötzlich eine Frage gestellt: Was war das einschneidendste Erlebnis in Eurer 25-jährigen Ehe? Unsere einstimmige Antwort war: Der Heimgang unserer Linde.

Der HERR hat uns insgesamt 6 Mädchen geschenkt, nämlich Heiderose, Christel, Ursula, Lindtraud, Brigitte und Susanne. Unser Christele durften wir nicht mit nach Hause nehmen, es war die ganze Zeit im Krankenhaus und wurde nach 6 Monaten heimgerufen in die ewige Herrlichkeit. Und dann war es am 20. August 1980 unsere Lindtraud, die der HERR im Alter von 20 Jahren zu sich gezogen hat.

Um Lindes willen haben wir als Eltern manche Tränen vergossen. Nicht helfen zu können, nur Zuschauer zu sein, war für uns nicht einfach. Als dann aber Linde heimgerufen wurde, waren nur wir als Eltern im Krankenzimmer. In Worten ist einfach nicht auszudrücken, wie unsere Herzen emporgehoben wurden: Wir erlebten Gottes offenbare Gegenwart, nämlich Herrlichkeit. Die Folge war, daß wir nur anbeten konnten.

Wenn wir zusammen beten, ist es immer so, daß zuerst ich den HERRN anrufe und dann Minchen, meine Frau. Doch als Linde vom HERRN zu sich gerufen wurde, gab es keine Reihenfolge mehr. Gleichzeitig fingen wir an, den HERRN zu preisen und IHM die Ehre zu geben. Gottes eigener Friede erfüllte das Zimmer und unsere Herzen.

Wir wußten: Hier ist der HERR. Linde war nicht mehr da, nur noch ihre leibliche Hülle. Weit mehr als wir Linde liebgehabt haben, war sie vom HERRN geliebt, der sie nun aus lauter Liebe zu sich gezogen hat. Linde ist beim

HERRN! Diese Gewißheit machte uns froh zu Lob und Dank.

Morgens um 4 Uhr kehrten wir vom Krankenhaus nach Echterdingen zurück. Unterwegs im Auto war uns klar: Im Gegensatz zum Krankenzimmer, das mit Seinem Frieden erfüllt war, befinden wir uns jetzt in Feindesland. Diese von Satan regierte Welt ist dunkel, von Groll, Neid und Haß erfüllt. Angesichts des im Krankenzimmer neu erfahrenen Friedens Gottes, verlor alles Sichtbare hier seine Farbe und Anziehungskraft. Wie fadenscheinig sah plötzlich alles aus. Wirklicher als diese Welt wurde uns die Wirklichkeit der unsichtbaren, geistlichen Welt, und wir hatten nur das eine Verlagen: Mehr denn je für den Herrn Jesus dazusein.

Gott, der HERR, hat nur für eine geringe Zeitspanne die Herrschaft in dieser Welt Satan überlassen. Natürlich nicht, um irgend etwas aus der Hand zu geben. Ganz im Gegenteil: Satan muß nur dazu beitragen, daß Gottes Heilsabsichten durchgeführt werden.

Der Mensch tappt im Dunkeln und ist blind für die Wahrheit. Viele bilden sich ein, daß die sichtbare Welt das menschliche Herz erfüllen könne. Welch fatale Illusion. Allein unser Herr Jesus, der Sohn des lebendigen Gottes, kann wahres Glück, echtes Heil und wirkliche Lebenserfüllung schenken. Mit unserer Linde zusammen ist es unser Verlangen und Gebet, daß alle Leser dieses Büchleins sich zu dieser befreienden Erkenntnis führen lassen!

2. SCHWESTER LYDIA ALS VORBILD

Als wir nach 6-jährigem Japan-Aufenthalt im Jahr 1959 für ein Jahr Heimatdienst nach Deutschland zurückkehrten, wurde während dieser Zeit, Linde am 19.7.1960 im Lauffener Krankenhaus geboren. Bekannt sind der Neckar, sowie auch die Pfalzgrafenburg, die heute noch als Rathaus benützt wird.

Kurz nach der Geburt mußte Linde zwar mit Sauerstoff beatmet werden, doch nach kurzer Zeit konnte sie mit ihrer frohen Mutter entlassen werden. Bald darauf haben wir für Linde eine Einsegnungsfeier gehalten. Bewußt ließen wir unsere Kinder nicht taufen, da die biblische Taufe ein öffentliches Zeugnis der selbst erfahrenen Rettung ist. Bei dieser Einsegnung wurde gebetet, daß Linde bald den Herrn Jesus kennen und lieben lernen möchte. Als Patentante von Linde haben wir Schwester Lydia gebeten, besonders an Linde vor dem HERRN zu gedenken. In großer Liebe hat sie diesen Dienst bis an ihr Lebensende treu getan. Und weil die Gebete von Schwester Lydia in so wunderbarer Weise erhört wurden, muß diese Magd des HERRN hier erwähnt werden.

Schwester Lydia gehörte zum Verband der Aidlinger Schwesternschaft. Minchen und ich lernten sie im Jahr 1945 kennen. Es war kurz nach dem Krieg. Züge und Omnibusse fuhren noch nicht. Die Schulen waren alle geschlossen, die Lebensmittel knapp, und so mancher hatte seine Anstellung verloren. In dieser Zeit waren viele innerlich aufgewühlt und fragten nach dem Sinn des Lebens. Schwester Lydia wurde vom Mutterhaus Aidlingen auf den Lutzenberg gesandt, um in dem dortigen Freizeitheim das Wort Gottes besonders jungen Menschen zu verkündigen. Dauernd fanden Freizeiten statt und viele erlebten damals im Herrn Jesus den, der wirklich voll befriedigen kann. Durch den Dienst von Schwester Lydia kamen auch Minchen und ich damals zum lebendigen Glauben und waren von jenem Zeitpunkt an herzlich mit Schwester Lydia, unserer geistlichen Mutter, verbunden. Was uns damals ungemein ansprach, war nicht etwa, was

Schwester Lydia aus dem Wort Gottes verkündigte, sondern was sie ausstrahlte: Es war Gottes Friede und Jesu Freude.

Diese Aidlinger Schwestern sind unverheiratet und treten im Durchschnitt im Alter von 18-25 Jahren ins Mutterhaus ein. Sie alle haben die Gewißheit der Vergebung ihrer Schuld und wissen, daß sie ewiges Leben besitzen. Aus Liebe zum Herrn Jesus wollen sie freiwillig auf die Ehe verzichten, um dadurch mehr anderen notleidenden Menschen eine Hilfe sein zu können. Seit dem Jahre 1945 kennen wir diese Schwestern und können bezeugen, daß sie auf Freizeiten, in Schulen, in Krankenhäusern, auf dem Missionsfeld, in Waisenhäusern, Altenheimen und Kindergärten einen überaus gesegneten Dienst tun. Durch Jesus haben diese Schwestern ein Leben der Erfüllung und Befriedigung gefunden. Lebenserfüllung liegt nicht darin, eben nur verheiratet zu sein; liegt auch nicht darin, daß jeder eigene Wunsch in Erfüllung geht. Bleibende Frucht entsteht nur, wenn >das Weizenkorn in die Erde fällt und stirbt.< Bei den einen bedeutet Sterben Verzicht auf Ehe und Mutterschaft, bei anderen beginnt das Sterben in der Ehe. In jedem Fall geht es darum, daß wir von der Sichtbarkeit und Vergänglichkeit mehr und mehr gelöst werden und uns die lebendige Gemeinschaft mit Jesus Christus alles bedeutet. Eine Photographie von Linde stand nicht nur immer auf dem Schreibtisch von Schwester Lydia; sie hat auch täglich in großer Treue für Linde gebetet.

Durch Gottes Gnade durfte Linde dann nicht nur den Herrn Jesus erleben, sondern sie trat in die Fußstapfen ihrer Patentante. Kennzeichnende Haltung von Schwester Lydia war: >Ich komme nicht in Betracht<. Über dies Thema hat sie auf der ersten Freizeit gesprochen, die ich besuchte. Was mit mir geschieht, ist nicht wichtig; auch nicht, wie es mir geht - wenn nur Jesus verherrlicht wird und Menschenseelen gerettet werden! Eine solche Haltung ist Resultat freiwilligen, freudigen Sterbens: >nicht mein Wille, sondern der Deine geschehe!< Und wo diese Haltung eingenommen wird, fließen Segensströme. Weil

Schwester Lydia nicht im Mittelpunkt stehen wollte, konnte der Herr Jesus im Mittelpunkt stehen, und wo dies der Fall ist, werden Menschen verwandelt. Was Menschen über mich denken, ist nicht entscheidend, wenn nur Gottes Wohlgefallen auf mir liegt! Innerlich frei sein vom Besitz und von der Meinung der Menschen ist notwendig, wenn unser Leben ewige Früchte zeitigen soll.

Die vielen Gebete von Schwester Lydia haben dazu beigetragen, daß Linde völlig problemlos aufwuchs und wir als Eltern nie Schwierigkeiten mit ihr hatten. Nach dem ersten Heimaturlaub reisten wir dann wieder nach Japan zurück. Linde war damals nur weinige Monate alt. Wohl ist sie nicht in Japan geboren, doch wie unsere anderen Töchter genauso in Japan aufgewachsen. Ihre Heimat war deshalb Japan und beim Vergleich mit Deutschland kam letzteres in ihrer Wertung immer ziemlich schlecht weg.

Die ersten vier Jahre verbrachte Linde in der Fischerstadt Nakaminato. Diese Stadt liegt etwa 120 km nördlich von Tokyo in der Ibaraki Präfektur. Unser Wohnhaus und der Versammlungssaal standen auf einem Hügel, von dem aus wir eine wunderbare Aussicht auf die Stadt und das Meer hatten. In den acht Jahren dort kamen über 100 Menschen zum HERRN und ließen sich auch als Zugehörigkeitszeugnis zu Ihm öffentlich entweder im Meer oder Fluß taufen.

Bald hat Linde auch gewußt, weshalb ihre Eltern in Japan sind. Nicht etwa zum Zeitvertreib, auch nicht um angesehen oder reich zu werden. Daß der Herr Jesus Schuld vergibt, daß Er ewiges Leben schenkt und echte Befriedigung gibt, diese Kunde muß den innerlich Leidenden und den vielen, die sich eben mit ihrem Los abfinden, weitergesagt werden. Was Japan braucht, ist nicht eine andere Kultur, eine andere Mentalität oder eine andere Religion. Japan braucht den Herrn Jesus. Denn aller Fortschritt, alle Technik und aller Reichtum befriedigen im tiefsten Grund nicht.

Am 1. Dezember 1964 zogen wir von Nakaminato nach Tokyo. Von der entlegenen Fischerstadt ging es in die

Hauptstadt. Das uns angebotene Haus war einer Bruch-bude gleich. An acht Stellen regnete es durch, doch die Kinder fühlten sich auch da bald sehr wohl. Zweimal wurde der Versammlungssaal erweitert, bis dann das alte Haus abgerissen und das jetzige Gebäude erstellt wurde.

Im Jahre 1966 kehrten wir zum zweiten Mal nach Deutschland zurück. Linde war bereits sechs Jahre alt. Im darauffolgenden Jahr ging es wieder in die Wahlheimat Japan. Kurz darauf hat Linde den Herrn Jesus als ihren persönlichen Heiland in ihr Leben aufgenommen.

Früh schenkte Schwester Lydia ihrer Linde eine Bibel. Selbstverständlich hat sie mit ihren Schwestern die Kin-derstunden besucht. Nie hat Linde an der Existenz des großen Schöpfergottes gezweifelt. Die Bibel war für Linde Gottes unfehlbares Wort.

Die Kindheit ist die beste Saatzeit des ganzen Lebens. Eltern sind dafür verantwortlich, den Kindern den Herrn Jesus groß zu machen. Im frühen Kindesalter ist ein ein-fältiges Glaubenkönnen bei allen Menschen leichter mög-lich. Der Verstand spielt noch keine so große Rolle, und deshalb gibt es da auch noch wenig Zweifel. Oft meint man, wenn nur der Leib gut versorgt und das Kind gesund sei, genüge dies. Daß dies nicht der Fall ist, wird vielen Eltern erst bewußt, wenn es zu spät ist. Linde hat in der Bibel Verheißungen kennengelernt, die sie später in aller Anfechtung durchzutragen vermochten. Das Wort aus Jesaja 43,1.4 war für sie die Grundlage ihrer Heils-gewißheit:

>Aber jetzt, so spricht der HERR, der dich geschaf-fen und der dich gebildet hat: Fürchte dich nicht, denn ich habe dich erlöst! Ich habe dich bei deinem Namen gerufen, du bist mein < >Ich hab dich lieb!<

Linde wußte um das Wort, das der Herr Jesus am Kreuz ausrief: >ES IST VOLLBRACHT!< Sie wußte auch, was Jesus vollbracht hat, nämlich: Eine vollkommene Sühnung für die Schuld der ganzen Menschheit. Die Schuld ist vom Herrn Jesus bezahlt worden. Wenn Er alles vollbracht hat und die Schuld bezahlt ist, was bleibt dann noch zu tun? Nichts, aber auch gar nichts! Das war Linde klar. Und dankbar hat sie für die auch für sie vollbrachte Erlösung gedankt.

Die Sicherheit ihres Heils gründete sie nicht auf Kopfwissen oder auf irgendein Gefühl, sondern allein auf Gottes Wort. Meine Sündenschuld ist vom Herrn Jesus weggenommen. Ewig darf ich Ihm gehören, das war zur Gewißheit und Herzensfreude unserer Linde geworden.

Am 5. Januar 1975 ließ sie sich mit zwei anderen Frauen taufen als Bekenntnis, Eigentum Jesu zu sein. Die Taufe war für sie ein Gehorsamsakt in der Bereitschaft, nur noch für den Herrn Jesus dasein zu wollen. Linde wußte, es genügt nicht, gerettet zu sein. Der Herr Jesus will jeden Geretteten auch gebrauchen, um die Frohbotschaft weiterzutragen. Linde wollte besonders den Kindern vom Herrn Jesus sagen. Sie hatte ein Herz für Kinder! Unermüdlich nahm sie sich der einzelnen an. Auf den Bibellagern hat sie mit über 20 Kindern zusammen geschlafen, legte die Säuglinge trocken, ging mit den Größeren nachts auf die Toilette und war immer für die Einzelnen da. Das haben sie gespürt und mit großer Liebe hingen sie an ihr. Lindtraud wußte, zuerst müssen die Herzen und das Vertrauen gewonnen werden, bevor man mit der Frohbotschaft kommt. Es gibt Kinder, die aufstrahlten und zwar, nachdem Linde längst in Deutschland war, wenn sie nur ihren Namen hörten.

Der Fürbittdienst von Schwester Lydia und ihr Glaubensvorbild: >Ich komme nicht in Betracht!<, hat zweifellos dazu beigetragen, daß Lindtraud nicht nur an den Herrn Jesus glaubte, sondern auch für Ihn allein dasein wollte.

3. RÜCKREISE NACH DEUTSCHLAND

Nachdem Linde die Deutsche Schule in Tokyo besucht hatte, hieß es am 24.7.78 Abschied nehmen zur weiteren Ausbildung in Deutschland. Dieser Abschied fiel Linde nicht leicht. Ist sie doch nicht nur in Japan aufgewachsen; sie hat Japan geliebt mit allen Fasern ihres Herzens. Auch ging sie in der Hoffnung, in einigen Jahren zurückkehren zu können. Sie versprach ihrer Freundin, mit der sie ein besonders herzliches Verhältnis hatte, nach ihrer Ausbildung als Missionarin zurückzukommen, um mit ihr die Frohbotschaft weiterzusagen.

Lindes Wunsch war es, nicht mit Akten und Maschinen umgeben zu sein, sondern von Menschen, die sie lieben und für die sie dasein konnte. Für Linde waren das in erster Linie die Kinder und die Kranken. Sie entschloß sich deshalb, eine dreijährige Ausbildung als Krankenschwester zu machen. Hierzu notwendig war allerdings ein halbes Jahr Praktikum auf dem Michelsberg bei Oberböhringen auf der Schwäbischen Alb. Diese Zeit war für Linde eine Zeit reichen Segens. Sie hat erkannt: Es ist nicht nötig, sich zu sorgen. Selbst eine einzige Not ist zu schwer, um mit ihr fertig zu werden. Es geht in allem um des HERRN Werk. Was ich zu tun habe, ist einfach kindlich in Ihm zu ruhen, von Ihm abhängig zu sein. Der Wunsch, für andere da zu sein, Menschen zum Herrn Jesus zu führen, wurde größer und größer. Triebkraft war die Liebe zum HERRN. Als Linde dem Herrn Jesus begegnen durfte, nahm sie Gottes Wort für sich in Anspruch:>Ich habe dich erlöst, du gehörst mir!< Im praktischen Alltag erlebte nun Linde, daß dies echte Befreiung ist: Ich gehöre nicht mehr mir selbst, ich darf in Jesu Hand sein, alles darf ich Ihm überlassen. Dieses Heil und diese Befreiung erlebt nur der, der sich nicht mehr um sich selbst dreht, der bereit ist allen Eigenwillen dem Willen Jesu unterzuordnen. Linde lernte, dem Herrn Jesus für alles zu vertrauen und auch für alles zu danken. Furchtlos konnte sie deshalb in die Zukunft schauen. Während dieser Praktikumszeit lernte Linde, was es bedeutet, treu auch in kleinen Dingen zu sein. Unter allen Umständen wollte sie im Licht wandeln und dem Herrn Jesus Freude machen.

Im Januar fuhr sie eines Tages mit einigen Freundinnen nach Stuttgart zum Schlittschuhlaufen. In Japan hatte sie sich noch nie diesen Spaß geleistet. Sie versuchte ihr Bestes, doch glitt sie aus, fiel hin und schlug mit dem Kopf hart auf. Sie mußte sich übergeben und daraufhin 10 Tage im Krankenhaus verbringen. Auch hatte sie nachträglich noch lange Zeit Kopfschmerzen.

Linde blieb nichts anderes übrig, als auch dies aus der liebenden Hand Jesu zu nehmen und Ihm zu vertrauen. Sein Wort war ihr Kraftzufuhr stärkster Art. Der Herr Jesus hatte zu Linde gesagt:>Ich will dich nicht versäumen noch verlassen< (Hebräer 13,5) und damit waren für Linde alle Probleme gelöst. Ich darf Glied am Leib Jesu, ich darf Rebe an Ihm, dem Weinstock sein. Es geht nicht darum: Dort ist Jesus und hier bin ich. Nein, ich darf in Ihm sein, in Ihm ruhen. Die Rebe gehört zum Weinstock. So darf ich in Verbindung mit ihm sein. In jenen Monaten des Praktikums wurde ihr Lieblingslied: Bei Dir, dem Weinstock, will ich bleiben! Jesus ist mit mir und lebt in mir, diese Gewißheit wurde im Alltag Lindes sichtbar. Es wurde offenbar: An Jesus glauben bedeutet, Ihm hingegeben sein. Ihm sich hingeben kann man nur durch Selbstaufopferung.

Treue im Kleinen ist Voraussetzung dafür, um später in großen Prüfungen standhalten zu können. Wenn es für Jesus und die Mitmenschen ging, war Linde nichts zu viel. Unermüdlich setzte sie sich ein, anderen Freude zu bereiten, nicht etwa um Lorbeeren zu ernten oder im Mittelpunkt zu stehen. Sie freute sich am vollbrachten Werk Jesu. Nicht ein sich Abmühen kennzeichnete sie, sondern ein Ruhen in Jesus. >Nicht mehr lebe ich, sondern Jesus<, das war das Geheimnis ihres Lebens.

Während des Winters fällt auf der Alb viel Schnee und auch die Kälte ist dementsprechend. So ging auch Linde durch manche Anfechtung und Demütigung dort. Der Einfluß von Schwester Ruth Schaible auf dem Michelsberg war für die geistliche Entwicklung Lindtrauds außerordentlich segensreich.

Linde wußte, bei wem sie ihre Nöte abladen konnte. Weil sie selbst in Jesu Hand war, brauchte sie sich nicht mehr sorgen. >Herr Jesus, ich möchte ein brauchbares Werkzeug in Deiner Hand sein,< das war Lindes Gebet und Verlangen. Eine frohe, rückhaltlose Auslieferung aller Dinge an Jesus, machte sie innerlich frei zum Dienst. Der Herr Jesus genügt in allen Lagen, das durfte Linde während der 6 Monate des Praktikums immer wieder erfahren. Durst nach dem lebendigen Gott und den Herrn Jesus im Alltag immer besser kennenzulernen, das war ihr Verlangen. Der Herr Jesus ruft uns zu:>Wen da dürstet, der komme zu mir und trinke!< Linde kam immer wieder im Gebet zum Herrn Jesus und wurde gestärkt. Wer in allen Anliegen Ihm vertraut, erlebt nicht nur Ruhe und Frieden, sondern wird selbst ein Segen für andere sein dürfen.

Während der Kälte des Winters wird in der Natur neues Leben vorbereitet. Auch die Zeit auf dem Michelsberg war Vorbereitung für die große Prüfung, der Linde entgegen gehen sollte.

4. IN DER KRANKENPFLEGESCHULE

Im April 1979 trat Linde in die Krankenpflegeschule in Kirchheim/Teck ein. Kirchheim liegt am Fuße der Schwäbischen Alb.

Sie hat sich vom ersten Tag an dort wohlgefühlt. Es fiel ihr deshalb leicht, weil sie Prioritäten setzte. Obwohl sie manchmal die Nächte durch lernte, vernachlässigte sie Gottes Wort nicht. Es war die Quelle ihrer Freude und Kraft. Eine ihrer Klassenkameradinnen schrieb, daß sie oft morgens um 3 oder 4 Uhr aufstand, um in ihrer Bibel zu lesen. 14 Tage vor der Prüfung entschloß sie sich, mit einer Freundin jeden Tag ein Halma-Spiel zu machen mit der Bemerkung: Wenn mich Jesus weiterhin hier im Krankenhaus haben will, bringt Er mich auch durch die dumme Prüfung. Das heißt: Ich tue, was ich kann und setzte mich ein, doch im letzten Grund vertraue ich dem Herrn Jesus. Lindtrauds Klasse waren die "Palmen", und niemand hat so viel in der Klasse gelacht wie Linde. Dies Lachen war ansteckend und niemand kann ihren trockenen Humor vergessen.

Durch eine lange Krankheitszeit gezwungen, mußte ein Mädchen ein Jahr wiederholen und kam in Lindes Klasse. Linde wurde gefragt: Werdet ihr mich in die Klassengemeinschaft aufnehmen? Linde darauf spontan: Natürlich nehmen wir dich gerne auf, doch es wird an dir liegen, ob du dich bei uns wohlfühlen wirst oder nicht. Du wirst bei uns das Überwinden lernen müssen. Du mußt lernen, in deiner Situation zu überwinden und Ja sagen zu deinem Weg. Doch dabei kannst du wissen: Dein Gott bleibt derselbe, Er ändert sich nicht! Auf Ihn ist Verlaß!

Eine Klassenkameradin schrieb: Wenn es um unsere "Palmen-Gemeinschaft" ging, war Linde keine Zeit zu schade, auch wenn es ihr den Schlaf kostete.

Eines Tages übte eine andere Klasse ein Theaterstück ein. Es ging um eine Missionarin, die in China die Frohbotschaft weitergab und da wurde auch Linde gebeten, ob sie irgendwelche passende Kleidung dazu hätte. Sofort brachte Linde ihren wunderschönen Kimono, dann noch andere wertvolle Gegenstände aus Japan. Die meisten meinten, es sei für ein Theaterstück zu schade, doch Linde war der Ansicht, es sei gerade gut genug, denn es ginge doch dabei um Gottes Ehre. Unaufgefordert war Linde mit ihrer älteren Schwester Ursula bei jeder Probe dabei. Im Hintergrund halfen sie mit, weil sie damit ihrem Herrn dienen wollten. Die beiden waren immer hellhörig, wenn es um einen Dienst ging, und wenn er noch so klein war.

Eine Freundin berichtet von einem Klassenausflug.

Zunächst wanderten sie etwa drei Stunden, hatten auch unterwegs eine Kaffeepause und freuten sich an der wunderschönen Gegend. Doch dann ging es an den langen Heimweg. Fast immer ging es bergauf und dazu fing es auch noch zu regnen an. Linde und eine ihrer Freundinnen gingen voraus. Gegenseitig ermutigten sie sich zum Aushalten. Sie sangen das Lied: >Laß mir das Ziel vor Augen bleiben, zu dem Du mich berufen hast. Laß nichts aus Deiner Spur mich treiben des Weges Länge oder Last.< Längst waren sie durchnäßt. Linde sprach vom Weg, den der Herr Jesus für uns gegangen ist. Wie Er verachtet und verlassen, alle Schmerzen und alle Leiden der Menschheit auf sich nahm, wie Er sich beugte und Seinen Mund nicht auftat. Im Blick darauf war es Linde und ihrer Freundin klar, daß im Blick auf Jesus es einfach nicht erlaubt ist, zu murren oder niedergeschlagen zu sein. Der Herr Jesus trank den Kelch der Schmerzen ganz aus, so wollen es auch wir machen: Die Leiden, die Schwierigkeiten, die der Herr Jesus uns auflegt, wollen wir freudig und willig tragen. Denn ohne Leiden gehen wir nicht in Gottes Herrlichkeit ein. Linde meinte auch: >Weißt du, ich muß mich überwinden und mich dadurch für den Dienst der Mission in Japan vorbereiten.

Eine andere aus ihrer Klasse berichtet: >Linde hatte eine besondere Begabung, was die Gestaltung und Dekoration von Festen angeht. Sie war behilflich, wie und wo immer sie nur konnte, gab gute Ratschläge und brachte viele neue Anregungen mit. Doch bildete sie sich darauf nie etwas ein, sondern dachte gering von sich selbst. Eine Atmosphäre zu schaffen, in der sich andere wohlfühlen, Freude an sie weiterzugeben, dazu hat Linde viel beigetragen. Ihre Gaben und Fähigkeiten setzte sie ganz für die Sache des HERRN ein. Ihr Ziel war, den Herrn Jesus dadurch zu verherrlichen.

Beim Tischdecken habe ich Linde einmal beobachtet. Gewöhnlich helfen viele mit, und wo viele Helfer sind, gibt es auch viele Meinungen und Vorschläge. Doch Linde war nicht darauf bedacht, ihre eigene Vorstellung durchzusetzen. Gern ließ sie ihren Mitschwestern den Vorrang und freute sich, wenn die anderen zufrieden waren. Kam es zu Meinungsverschiedenheiten, dann wurde Linde still und zog sich zurück. Wollte es unter uns zu keiner Einigung kommen, so konnte Linde laut hinauslachen und sagen: Ach, Quatsch, streitet nicht! oder: Haltet Euch doch nicht an Kleinigkeiten auf! Was mir an Linde so groß wurde, war ihre Freigebigkeit. Sie achtete dabei nicht auf den materiellen Wert, hatte auch nicht das Verlangen, etwas Kostbares für sich zu behalten. Des öfteren lagen vor meiner Tür Geschenke, die nur von ihr kommen konnten. Linde hatte verstanden, ewige Schätze, die bleibenden Wert haben, zu sammeln. Einmal hörte ich ein Mädchen zu Linde sagen: >Linde, das ist aber wirklich zu viel, was du mir hier geschenkt hast!< Linde daraufhin: >Nein, es ist noch viel zu wenig.<

Während des Sommers kehrten wir als Familie für zwei Monate nach Deutschland zurück zusammen mit einigen japanischen Geschwistern. Linde war glücklich, mal wieder für zwei Wochen mit japanischen Geschwistern zusammen zu sein. Wir machten gemeinsam auch einen Ausflug auf den Diavoleza und hatten von dort eine wunderbare Aussicht auf die italienischen Berge. Das Photo auf der Titelseite des Buches wurde damals von ihrer Schwester Brigitte gemacht. Linde, fröhlich wie immer! Wirklich ein Goldschatz!

5. HOFFNUNG ODER VERZWEIFLUNG

Weihnachten in Europa und Neujahr in Japan kann man miteinander vergleichen. Wer irgend kann, macht sich auf den Weg und fährt in sein Elternhaus. Die Klassenkameradinnen Lindes reisten alle ab. Nur Linde blieb zurück und mußte hart arbeiten. Um unseretwillen hatte sie ihren Urlaub bereits im Sommer genommen und mußte nun über Weihnachten und Neujahr im Krankenhaus bleiben. Doch ohne darüber auch nur ein Wort zu verlieren, schrieb sie an ihre Mutter zum Geburtstag:

>Ja, mit ewiger Liebe habe ich dich geliebt, darum habe ich dir meine Güte bewahrt.< Jeremia 31,3.
Geliebte Mama!
Mit diesem Wort Gottes, möchte ich Dir zu Deinem 50.Geburtstag ganz herzlich gratulieren. Der HERR segne Dich überreich! Möge Sein Segen das neue, vor Dir liegende Jahr überfluten. Obenstehendes Wort wurde mir als Losung für dieses Jahr gegeben. Gottes Liebe ist eine ewige Liebe! Ich weiß, daß ich gestern geliebt wurde, daß ich heute geliebt bin und in alle Ewigkeit geliebt sein werde. Und deshalb sagt mein HERR, daß Er mir Seine Güte bewahren wird und mich zu sich ziehen wird. In Seinem Erbarmen hat Er sich zu uns herabgeneigt und uns aus aller Hoffnungslosigkeit zu sich gezogen. Das ist Rettung! Einfach aus Liebe zu uns, hat sich der HERR zu uns herabgelassen. Ist diese Zusage unseres HERRN nicht einmalig und wunderbar?!
Nach Weihnachten kommen meine Klassenkameradinnen zurück. Wie ich mich auf sie alle freue. Grüßt bitte die Geschwister in Japan alle herzlich von mir. Leider komme ich zur Zeit nicht zum Schreiben, doch bete ich treu für sie alle. In nächster Zeit muß ich mich für eine Botschaft vorbereiten. Wenn ich nur mehr Zeit hätte! In diesem Eingespanntsein kann ich Papa in seinem Dienst viel besser verstehen.
Geliebte Mama! Bis zum Sommer!
Deine Linde.<Der Geburtstag von Minchen ist am 8. Janu-

ar, der meine im März. Und Linde sandte auch mir ein wunderbares Wort:

>Ich bin der Erste und der Letzte und der Lebendige, und ich war tot, und siehe, ich bin lebendig in alle Ewigkeit und habe die Schlüssel des Todes und des Hades.< Offenbarung 1,17-18.
Geliebter Papa!
Herzlichen Glückwunsch zu Deinem Geburtstag. Ich bete dafür, daß Dich der Herr Jesus mit Seinem Segen über- schüttet. Möge dieser Tag ein von Freude erfüllter Tag für Dich sein!
Deine Linde.<

Die Hochzeit unserer ältesten Tochter Heiderose sollte im Juli stattfinden und wir dachten deshalb daran, uns bereits im Juni auf den Weg zu machen. Auch einige Geschwister der Versammlung in Tokyo wollten un- bedingt bei der Hochzeit dabei sein. Offen war allerdings noch der endgültige Abreisetermin. Hier in Japan gibt es derart viele offene Türen. Überall sind durch viel Not und Leid zubereitete Menschen, so daß wir es fast als Sünde empfanden, früher als unbedingt notwendig das Arbeits- gebiet zu verlassen. Ein Satz in einem Brief von Linde, hat dann aber schnell die Entscheidung herbeigeführt:
>Ich kann überhaupt nicht sagen, wie sehr ich mich freue, Euch bald zu treffen. Nachts kann ich kaum mehr schlafen vor Sehnsucht und Erwartung.<
Bald Linde zu sehen, war nun auch unser sehnlicher Wunsch; wir buchten und trafen am 28.Juni 1980 in Frankfurt ein. Linde war unter denen, die uns abholten. Von Stuttgart nach Frankfurt und zurück sind es rund 4 Stunden Fahrzeit. Linde zeigte keine Spur von Müdigkeit, obwohl wir später erfuhren, daß sie große Schmerzen aushielt.
Schon am nächsten Tag hatte Linde >Teerstuhl< und meinte zu ihrer Schwester Ursula: >Du, ich vermute Krebs! Aber bitte, sag ja den Eltern nichts davon.< Doch am 3.Juli hielt es Ursula nicht mehr länger aus, tele-

fonierte mit uns und brach ihr Versprechen. Sofort fuhren wir nach Kirchheim und sprachen mit der Schulleiterin, Schwester Elisabeth Gemeinhardt. Am selben Tag wurde Linde dann in das Krankenhaus eingeliefert, in dem sie bisher gearbeitet hatte.

Volle vier Wochen wurde Linde untersucht. Diese Untersuchungen waren für Linde äußerst schmerzhaft. Meine Frau erkundigte sich bei Ursula, ob sie in letzter Zeit irgend etwas bei Linde bemerkt hätte. Nach einigem Besinnen erinnerte sie sich daran, daß Linde, als sie vom Sofa aufstehen wollte, sich eine Zeitlang nicht gerade aufrichten konnte. Auf die Frage, was denn los sei, hatte Linde nur festgestellt: >so gehen doch die alten Großmütter in Japan,< und die Sache war erledigt. Außerdem war eine Woche, bevor wir zurückkehrten, plötzlich Fieber von über 40 Grad aufgetreten. Gegen das Desinfektionsmittel Clerosol war Linde allergisch. Deshalb dachte man daran, daß evtl. über die Hände irgendwelche Bakterien eingedrungen seien. Daß bei Krebs von jetzt auf gleich so hohes Fieber auftritt, sei selten. Deshalb hatte von den Außenstehenden niemand auch nur die geringste Ahnung, daß Linde von einer solchen Krankheit befallen sein könnte. Nur sie selbst schien Bescheid zu wissen.

Die sonst üblichen Untersuchungen konnten nicht durchgeführt werden, da Lindes ganzer Unterleib mit Krebsgeschwülsten gefüllt war und auch nichts mehr durch den Darm ging. Nun tippten auch die Ärzte auf Krebs, doch klare Auskunft konnte nicht gegeben werden. Uns Eltern war klar, daß unsere Linde wohl ein hoffnungsloser Fall sei. Als Ursula die Röntgenbilder sah und dann mit der Fachliteratur verglich, sagte sie uns, daß wir uns keinerlei Hoffnung mehr machen könnten. Linde selbst hoffte anfangs immer noch, daß eine Operation es ermöglichen würde, mit ihrer Palmenklasse auf die Insel Amrum gehen zu können. Lange Zeit hatte Linde ihre Schmerzen verschwiegen, weil sie einfach niemand zur Last fallen wollte und dann war es für sie einfach nicht denkbar, daß ihr Leben so schnell zu Ende gehen sollte. Nachträglich kann man sagen: Hätte sie nur sofort von ihren Schmerzen erzählt, sicherlich hätte dann eine Operation mit Erfolg durchgeführt werden können.

Heute aber können wir bezeugen, daß wir nicht nur eine kranke Tochter angetroffen haben, sondern Gottes Herrlichkeit schauen durften.

Für Linde begann eine schwere Zeit.

Zunächst mußte sie sich innerlich mit ihrer Krankheit auseinandersetzen, bevor dann die fast unerträglichen Schmerzen einsetzten. Ihr Wunsch, mit der Klasse nach Amrum, und dann mit der Familie und den japanischen Geschwistern in die Schweiz zu gehen, würde wohl nie in Erfüllung gehen. Eine neue Anfechtung traf sie. Linde ergab sich in den Willen ihres HERRN und war einverstanden, die Ferienreisen nicht mitmachen zu können. Doch sie wußte, wenn sie wochenlang krank sein würde, müßte das Schuljahr wiederholt werden und sie könnte nicht bei ihren geliebten "Palmen" bleiben. Doch auch diese Not brachte sie dem HERRN und wurde getröstet. Sie erfuhr die Gegenwart Jesu, und Segen ging auf alle aus, die sie besuchten. Satan hat zweifellos alles versucht, Linde niederzuziehen. Sicherlich war es auch in ihrem Herzen manchmal dunkel. Doch sie erfuhr immer wieder: >Der HERR, mein Gott, macht meine Finsternis licht! Er wurde mir zur Stütze und führte mich ins Weite!< Reicher Trost wurde ihr zuteil, weil sie alles in die Hände Jesu legte.

Eine Schwester, die sie pflegte, schrieb: >Obwohl Linde von der schweren Krankheit gezeichnet war, erfüllte sie Gottes Liebe und unvorstellbarer Friede. Für uns, die wir im Krankenhaus gearbeitet haben, war Linde ein Ansporn und eine Ermutigung. Auf dem Krankenlager hat sie alles Mögliche hergestellt. Als ich eines Tages das Zimmer betrat, waren plötzlich alle Materialien unter der Decke verschwunden. Freudestrahlend erklärte sie: >Jetzt ist's noch geheim, heute darfst du es noch nicht sehen<. Bevor sie operiert wurde, hat sie für alle etwas gebastelt. Ich bekam vier Photographien, die sie selbst aufgenommen hatte mit wunderbar geschriebenen Worten der Schrift dabei. Viel Freude und Trost hat Linde dadurch in manches Herz gesät.< Am 17.7. durfte Linde für kurze Zeit in ihr Zimmer zurück. Fünf Minuten gingen wir mit ihr zusammen zu Fuß, um zwei Tage verfrüht ihren Geburtstag zu feiern.

Mit Linde habe ich über ihren äußerst gefährlichen Zustand gesprochen. Zusammen haben wir gebetet und dann gemeinsam Geburtstag gefeiert. Es sollte das letzte Mal sein, daß sie ihr Zimmer betreten konnte. Gewissermaßen war es schon ein Abschiednehmen.

Die Operation fand am 24.Juli statt. Die Schulleiterin, Schwester Elisabeth, ließ es sich nicht nehmen, bei der Operation dabei zu sein. Nie werden wir diesen Tag vergessen. Wir haben zum Herrn geschrieen, nicht nur für Linde, sondern auch für die Ärzte. Alles haben wir bewußt in seine Hände gelegt. Nach der Operation teilte uns Schwester Elisabeth mit: Linde ist eine reife Frucht für die Ewigkeit! Sie wollte uns damit sagen: Linde hat sich innerlich zubereiten lassen! Bald wird der HERR sie heimholen. Die Nachricht hat uns alle hart getroffen. Die vier Schwestern Lindes saßen alle in einer Ecke, niemand sprach, alle weinten. Auch der Arzt teilte uns mit, daß menschlich gesehen überhaupt nichts mehr getan werden könne. Ob man es ihr mitteilen soll, und wer es wohl tun würde? Schließlich meinte der Arzt, er selbst wolle es machen.

Auf der Intensivstation fragte uns Linde dann gleich: Wurde auch alles Bösartige herausgeschnitten? Wir konnten nur sagen: Nein Linde, sie konnten nicht alles entfernen.

Als Krankenschwester wußte sie, daß die Geschwülste nicht nur bösartig waren, sondern die Operation auch zu spät stattgefunden hatte. Tagelang warteten wir, daß der Chefarzt sein Verprechen einlöse, Linde genau Bescheid zu geben. >Sagt mir ruhig alles, was ihr wißt<, so bat sie uns immer wieder. Wir konnten nur antworten: >Es sieht nicht gut aus, doch der Arzt wird dich genau unterrichten.< Obwohl der Arzt sie immer wieder aufsuchte, brachte er den Mut nicht auf. Grund war zweifellos, daß man diese Hürde fast nicht schafft, wenn man nicht gleichzeitig echten Trost spenden und mit voller Gewißheit sagen kann: Wer Jesus hat, hat das Leben und ist geborgen in Sicherheit.

Eines abends war es aber dann soweit. Ich war gerade in Mettmann und telephonierte von dort aus mit Minchen: Hat es der Arzt nun endlich mitgeteilt? Weiß Linde Bescheid? Inbrünstig bat ich meine Frau, Linde so schnell wie möglich zu informieren. Ich wußte, daß Linde ungemein unter dieser Ungewißheit litt. Doch an diesem Abend wurde Linde wieder von der Leiterin der Krankenpflegeschule, Schwester Elisabeth, besucht. Linde wurde direkt und sagte klar: >Ich will es nicht vom Chefarzt, sondern von Ihnen persönlich wissen.< Und Schwester Elisabeth übernahm dann diesen Dienst, nachdem wir sie auch besonders darum gebeten hatten. Wir wußten, Linde würde nicht verzweifelt sein. Was Linde am meisten mitgenommen hat, war die Ungewißheit. Daß sie Krebs hatte, war ihr klar, doch wußte sie nicht, daß wirklich 100%ig nichts mehr zu machen sei. Linde mußte Bescheid wissen, um sich dadurch bewußter auf das Abgerufenwerden vorbereiten zu können. Nur die Wahrheit macht frei. Nachdem Linde klar ihren Zustand kannte, war ihre einzige Frage: >Wissen es auch meine Eltern?< Als dies bejaht wurde, freute sie sich ungetrübt: >Dann bin ich froh, daß ich bald zum Herrn Jesus darf. Eines allerdings tut mir leid, daß ich so wenig Frucht für Ihn habe bringen dürfen.<

Minchen, Lindes Mutter, hat sie am selben Abend noch besucht und war erstaunt, daß sie so fröhlich und munter war, entspannter und getroster als vorher. Deshalb dachte meine Frau: Nun, der Arzt hat immer noch nichts gesagt und Linde, die Arme, muß immer noch in Unsicherheit leben. Als sie dann am nächsten Tag erfuhr, daß zu diesem Zeitpunkt Linde bereits alles gewußt hat, konnte sie es kaum fassen, daß sie so getrost, befreit und glücklich sein konnte.

Obwohl der Wunsch Lindes, als Missionarin nach Japan

zu gehen, um von ihrem herrlichen HERRN zu sagen, nicht in Erfüllung ging, war sie überzeugt, daß Seine Gedanken nicht nur höher, sondern weit besser sind als die eigenen. Froh konnte sie bezeugen: >Mein HERR macht keine Fehler, Ihm vertraue ich, von Ihm weiß ich mich geliebt!< Auf einem Notizblatt standen die Worte: >Wer dem Tod getrost ins Angesicht schauen kann, ist eine wahre Persönlichkeit.< Durch den Todesüberwinder, den Herrn Jesus, konnte auch unsere Linde getrost dem Tod entgegengehen.

Diese innere Haltung Lindtrauds, ließ ihre Umgebung aufhorchen. Und zwar zunächst diejenigen, die in ihrem Zimmer lagen. Frau N. wurde innerlich umgeworfen. Sie dachte nur an sich, und ihre Krankheit ließ sie an nichts anderes denken. Sorgen nahmen sie völlig in Beschlag. Doch durch Linde kam diese Frau zum Nachdenken. Sie bekannte dem Herrn Jesus ihre Schuld und dankte für seine Erlösertat. Ihr Leben war von da an verwandelt. Sie ist längst entlassen, doch steht sie in der Nachfolge Jesu und geht treu unters Wort.

Dann war es Frau T., die durch die Haltung Lindes einfach überwältigt war. Trotz der ungeheuren Schmerzen und der dauernden Übelkeit war Linde voller Freude und Hoffnung. In Tränen aufgelöst stand sie vor dieser Tatsache. Als sie dann in ein anderes Zimmer verlegt wurde, rief ihr Linde noch nach: >Frau T., der Herr Jesus liebt auch Sie.< Völlig verwirrt konnte sie nur antworten: >Wenn du bald bei deinem Jesus bist, sag doch auch von mir einen schönen Gruß!< Etwas anderes brachte sie nicht mehr hervor, doch hörten wir, daß das Gesicht dieser Frau verwandelt gewesen sei.

Die Nachtschwester hörte einmal, wie Linde betete: >Herr Jesus! Alles, was Du tust, ist vollkommen. Gib, daß alle, die dies Zimmer betreten, von Dir gesegnet werden.< Der große Wunsch Lindes auf dem Krankenbett war: Ich möchte Frucht bringen für Jesus. Was aber weit wichtiger ist als Frucht zu bringen ist, selbst Frucht zu sein. Linde selbst wußte es nicht, daß sie eine reife Frucht war. Doch ihre Umgebung merkte es und konnte nicht unberührt bleiben.

Als sie von ihrem Zustand erfahren hatte, dachte sie fest daran, innerhalb von 2-3 Tagen bei dem Herrn Jesus sein zu dürfen. Eines Tages fragte sie mich: >Warum darf ich noch nicht gehen. Muß ich noch lange warten?< Ich konnte nur sagen: >Du mußt warten, bis der Herr Jesus Dich ruft.< >Warum ruft Er mich denn nicht bald?<, war ihre einzige Bitte.

Die Schmerzen steigerten sich und es war ihr eine Not, anderen Mühe zu machen. >Wegen mir haben die Schwestern so viel Arbeit. Wegen mir kann Papa keine Dienste tun. Wegen mir kommen die Eltern Tag für Tag ins Krankenhaus.< Das anzunehmen, war für Linde nicht einfach. Doch auch da kam sie innerlich durch und konnte beten: >Herr Jesus, ich bin auch bereit, so lange hier zu bleiben, wie Du es für gut hälst. Laß durch alles hindurch Frucht für Dich entstehen.<

Die Ankunft der acht Geschwister aus Japan rückte immer näher und dazu mußte Linde auch ein Ja finden. Die immer quietschlebendige, fröhliche Linde lag im Sterben, sie sah nicht mehr gut und konnte kaum die Augen offen halten. In diesem Zustand die Geliebten aus Japan zu empfangen, war für sie nicht leicht. Ein von ihr gemachtes Plakat mit den Worten: >Herzlich will-kommen!<, wurde an die Zimmertüre geheftet.

6. AM ZIEL ANGELANGT

Die Ferienreise der Palmenklasse auf die Insel Amrum stand vor der Tür. Am Tag zuvor verabschiedeten sich alle von Linde und sangen ihr folgendes Lied:

Jesus, die Sonne das strahlende Licht!
Jesus, die Freude, die Mauern durchbricht!
Die auf Ihn schauen werden sein wie die Sonne!

Als um mich war ein Gefängnis
von Angst und Traurigkeit,
da führte aus der Bedrängnis
mich Gottes Freundlichkeit.
Für Gott ist doch nichts unmöglich,
Er will mir Gutes tun.
Durch Ihn allein bin ich glücklich,
kann bei Ihm sicher ruh'n.
Gott läßt meinen Fuß nicht gleiten,
nie schläft und schlummert Er,
umgibt mich von allen Seiten
mit Seinem Engelheer.

Linde und auch ihre Freundinnen waren überzeugt, daß sie sich nicht mehr sehen würden; doch sie trennten sich in Vorfreude, bald beim Herrn Jesus für immer vereint zu sein. Daß der Abschied für beide Seiten nicht einfach war, zeigten auch die vielen Briefe, die Linde von der Insel Amrum täglich bekam. Eines Tages wurde ihr auch der Vers gesandt Psalm 56,20:>Dieses habe ich erkannt, daß Gott für mich ist.<
Gottes Wort und Gottes Zusagen waren für Linde Trost und Kraft. Der HERR ist nicht mein Feind, Er ist ganz persönlich für mich da! Diese Gewißheit konnte durch nichts erschüttert werden. Sie wußte: Der HERR liebt mich und ich darf Ihn wiederlieben.
Durch die starken Arzneimittel und die ungeheuren Schmerzen konnte Linde die vielen Briefe, die sie täglich erhielt, nicht mehr selbst lesen. Immer wieder mußten sie

Linde vorgelesen werden und wir merkten, wie Gottes Wort einfach ankam. Linde wurde dadurch gestärkt und freute sich über jede Zusage ihres geliebten HERRN.

Psalm 104,34: >Möge Ihm gefallen meine Rede, ich, ich freue mich in dem HERRN.<

In allen Schmerzen hat Linde auch diese Entscheidung getroffen. Sie wußte, daß der Herr Jesus für sie lebt und für sie da ist. Er ist so für mich da, wie wenn ich die einzige Menschenseele wäre, die eines so herrlichen Heilandes bedürfte. Der Herr Jesus war Lindes Freude, Ihm schenkte sie ihr ganzes Vertrauen. Er wird mich nie im Stich lassen, mich nie und nimmer enttäuschen. Bald werde ich Ihn und Seine Herrlichkeit schauen. Diese Gewißheit ließ sie immer wieder sagen: Ich, ich freue mich in dem HERRN!

Durch die schmerzlindernden Mittel war Linde in einem Zustand, in dem sie kaum noch die Augen zu öffnen vermochte. Doch die Gewißheit, bald Gottes Herrlichkeit sehen zu dürfen, ließ eine emporhebende Ruhe von ihr ausgehen.

Was uns ungemein überraschte, war die Tatsache, daß sie den Wunsch hatte, die von mir zusammengefaßte Dia-Serie von über 400 Bildern ansehen zu dürfen. Die Serie zeigte etwas vom Wirken des HERRN in Tokyo und den verschiedenen Hausversammlungen. Lindes Herz war in Japan und so wollte sie unter allen Umständen diese Lichtbilder sehen. Ich wehrte ab: >Linde, du kannst ja kaum deine Augen für 5 Minuten offen halten und um alle Bilder zu sehen, müßtest du über eine Stunde im Bett sitzen und alle Kraft aufwenden, um die Augen offen zu halten.< Doch Linde bestand auf ihrer Bitte. Das Wunder geschah: Linde schaute sämtliche Bilder an. Beim Anschauen rollten ihr Tränen über die Wangen. Sah sie doch ihre geliebten Kinder, ihre vielen Freunde und Bekannten, auch viele, die den Herrn Jesus noch nicht kennen, für die sie aber schon jahrelang betete.

Über ihren Zustand oder wegen ihrer Krankheit hat sie nicht ein einziges Mal geweint, war es doch ihre Freude, von dieser Erde Abschied zu nehmen, um für immer beim Herrn Jesus zu sein. Doch als sie die vielen bekannten Gesichter sah, konnte sie sich der Tränen nicht mehr erwehren.

Besuche waren für Linde anstrengend, doch hat sie sich kindlich gefreut, wenn auf die ewige Heimat hingewiesen wurde. Eines Tages wurde ihr wieder eine schöne Postkarte geschenkt mit dem wunderbaren Text, den sie dann am Abend, als sie auf die Insel Amrum telephonierte, vorlas:

> Noch eine kurze Zeit, dann ist's gewonnen
> dann ist der ganze Streit in nichts zerronnen,
> dann kann ich laben mich an Lebensbächen
> und ewig, ewiglich mit Jesus sprechen.

Zwei Tage später kam dann von Schwester Elisabeth folgender Brief:

>Liebe Lindtraud, ich bin froh, daß die erste "Palme", die Jesus in die Ewigkeit verpflanzt, nicht klagt und damit Last auf andere legt, sondern sich freut, wenn sie immer mit Jesus sprechen darf und daheim ist. Das wird uns anderen auch zur Hilfe für den Dienst und für das eigene Abschiednehmen. Du gehst uns nicht verloren, du gehst uns nur voran. Deine "Palmen" wollen auch ganz mitgehen und nahe bei Jesus sein.<

Schwester Elfriede Maier vom Mutterhaus brachte Linde eine selbstangefertigte Karte mit dem Wort: WIR ABER SEHEN JESUS! Dies Wort stand dann bis zum Abschied von dieser Erde auf ihrem Nachttisch. Echten Trost und wirkliche Hoffnung kann nur Gottes Wort geben, das erfuhr Linde.

>Ich freue mich, denn ich weiß, daß dies mir zum Heil ausschlagen wird .... daß Christus an meinem Leib groß gemacht werden wird, sei es durch Leben oder durch Tod. Denn das Leben ist für mich Christus und das Sterben Gewinn. Wenn aber das Leben im Fleich (mein Los ist, dann bedeutet) das für mich Frucht der Arbeit, und (dann) weiß ich nicht, was ich erwählen soll. Ich werde

aber von beidem bedrängt: Ich habe Lust, abzuscheiden und bei Christus zu sein, denn es ist weit besser ...< (Philipper 1,19-23).

Linde war überzeugt, daß der Tod nie das Ende ist. Sterben bedeutet lediglich, von dieser Erde Abschied zu nehmen, um für immer beim Herrn Jesus zu sein. Wer mit dem Herrn Jesus wandelt, kann sich auch unter Schmerzen echt freuen. Durch die mit der Infusion gegebenen Schmerzmittel, war Linde sehr, sehr schwach. Doch nie hat sie sich beschwert oder innerlich aufgelehnt. Sie war zu einer Lobsängerin dessen geworden, was Seine Gnade zu tun vermag. Wenn sie bei sich war, bat sie, daß man entweder mit ihr bete oder Gottes Wort lesen solle.

In diesem hoffnungslosen, niederdrückenden, beschwerenden Zustand konnte Linde mit dem Propheten Micha bezeugen: >Wenn ich auch in Finsternis sitze, ist der HERR doch mein Licht!< (Micha 7,8). Trotz aller Nacht und Finsternis hielt Linde daran fest: Der HERR ist, was ich brauche: In der Finsternis ist ER mein Licht, in der Hoffnungslosigkeit meine Hoffnung, in den Schmerzen ist ER meine Freude.

Außer Jesus brauche ich nichts und niemand!

Alle, die Linde besuchten, mußten zugeben: Dieser Jesus, an den die Linde glaubt, ist eine Realität. Jesus lebt! Die Ewigkeit ist eine Wirklichkeit! Selbst bei auftretenden Atembeschwerden wußte sich Linde geborgen in Jesu Hand.

> Friede meines Gottes, stille, tiefe Ruh'
> alle meine Sorgen, alles deckst Du zu!

In der letzten Nacht fragte Schwester Elisabeth: >Du, Linde, was für ein Wort möchtest du gern deiner Schwester Ursula mit auf den Weg geben?< Ihre Antwort war: >Der HERR wird dein Helfer sein!<

Als Minchen fragte: >Weißt Du, daß Papa und Mama hier sind?<, antwortete sie klar: >Natürlich weiß ich das.< Auf die nächste Frage: >Und wer ist denn noch hier?< bezeugte sie: >Der Herr Jesus.<

Die Schmerzen steigerten sich in der letzten Nacht. Das einzige, was Linde immer nur flüsterte war: Herr Jesus! Herr Jesus!
Und dann war es soweit: Linde war am Ziel angelangt, daheim bei ihrem HERRN!
Sie erlebte:

>wunderbar getragen von der Friedensflut,
sing ich froh dem Ew'gen:
HERR, wie hab ich's gut!<

Minchen und ich durften dabeisein, als Linde abgerufen wurde. Nicht liegend, sondern sitzend, in unseren Armen, ging sie, Ihm, ihrem Bräutigam, dem Herrn Jesus, entgegen um Ihn anzubeten in alle Ewigkeit! Es war am 20. August, morgens um 3 Uhr. Wir als Eltern waren überwältigt von Gottes heiliger Gegenwart. Wir konnten Ihn nur anbeten. Der sehnlichste Wunsch Lindtrauds, nämlich so bald wie möglich bei dem zu sein, der sie erkauft hat mit Seinem teuren Blut, war in Erfüllung gegangen. Wir konnten nicht anders, als uns einfach mitfreuen.

7. TODESANZEIGE UND TESTAMENT

Auf die Karte, die wir nach dem Heimgang von Linde ver-
schickten, schrieben wir Lindtrauds Jahreslosung aus
Jeremia 31,3: >ICH habe dich je und je geliebt, darum
habe ich dich zu mir gezogen aus lauter Liebe!< Und dann
noch das Wort, das ihre innere Haltung ausdrückte: Wir
sehen aber JESUS! Lindtrauds Heimgehen-dürfen geschah
>aus lauter Liebe<, war deshalb eine Offenbarung der
Liebe Gottes!
Unsere Christele durften wir nur 6 Monate haben, bei
Linde war es anders, deshalb schrieben wir:
20 Jahre lang durften wir UNSERE LINDTRAUD bei uns
haben. Nun ist sie uns vorausgeeilt und darf bei DEM sein,
DEN sie gekannt und geliebt hat. Sie wußte sich geborgen
in IHM und war bereit, >abzuscheiden und bei Christus zu
sein, was auch weit besser ist.< Wir freuen uns auf das
baldige Wiedersehn.

Linde und Susi verstanden sich immer glänzend. Nachdem aber Linde zum HERRN geeilt war, äußerte Susi: >Ich
habe nur einen Wunsch. Zunächst möchte ich die Bibel
von Linde und dann will ich auch nach Kirchheim in die
Krankenpflegeschule um Nachfolgerin meiner Schwester
zu werden.<
Nach der Beerdigung von Lindtraud stellte uns die Oberin
des Mutterhauses Aidlingen, Schwester Berta Kempf, die
sehr mit uns gelitten und gebetet hat, für einige Zeit den
Quellengrund zur Verfügung. Alle Familienangehörigen
mit den japanischen Geschwistern durften dort wohnen
und Tage froher Gemeinschaft verbringen. Am ersten
Morgen, als alle am Frühstückstisch saßen, kam die
>Jüngste<, nämlich Susi, noch herbeigeeilt mit der Nach-
richt: In Lindes Bibel fand ich einen zugeklebten Zettel.
Alle waren gespannt. Was wird Linde da wohl geschrieben haben? Wir nahmen den Inhalt wirklich als Testament Lindtrauds:
>Herr Jesus, obgleich ich Dich noch nie mit meinen
Augen gesehen habe, gilt Dir doch meine ganze Liebe,

und Dir will ich mein volles Vertrauen schenken, obwohl ich Dich nicht persönlich vor Augen habe! Oh, mit welch unaussprechlicher, herrlicher Freude werde ich jubeln, wenn ich Dich sehen darf! Dann bin ich für ewig in Sicherheit!

Du bist die Auferstehung und das Leben. Wer an Dich glaubt, wird leben, auch wenn er stirbt, und jeder, der da lebt und an Dich glaubt, wird in Ewigkeit nicht sterben!

Das Gnadengeschenk Gottes ist ewiges Leben in der Gemeinschaft mit Jesus Christus, meinem Herrn!

Solange ich noch in diesem Leib bin, bin ich noch nicht in meiner eigentlichen Heimat angelangt, sondern befinde mich in der Fremde, fern vom Herrn. Ich tue hier meine Schritte im Vertrauen, und bin noch nicht zum Schauen gelangt. Aber ich bin getrost und möchte lieber diesen Leib verlassen und in meine himmlische Heimat gehen zum Herrn. Darum will ich alles daransetzen und voll Eifer sein, Jesus, meinem Herrn, wohlgefallen, bis Er kommt. Meine Heimat und mein Ziel liegen im Himmel!<

Wohl dem, der so bezeugen und ein solches Testament hinterlassen kann!

8. BEERDIGUNG ODER HOCHZEIT?

Am 20.August 1980 war Linde in ihrer himmlischen Heimat angelangt. Sie hatte das Ziel erreicht. Die äußere Hülle war da, doch Linde war daheim! Über allem steht der HERR! Er thront! Bei Ihm darf Linde jetzt sein! Linde ist nicht mehr da; und doch, sie redet weiter. Es soll Frucht für Jesus gebracht werden! Jeder, der Linde besucht hat, auch jeder, der noch in den offenen Sarg geschaut hat, wußte: Da ist Friede! Nach der Beerdigung hat jemand gefragt: Was war denn heute, eine Beerdigung oder eine Hochzeit?

Uchimura Kanzo, einer der gesegnetsten japanischen Zeugen, durch den viele den Herrn in ihr Leben aufnahmen und in die Nachfolge traten, rief bei der Beerdigung seiner Tochter: Heute ist keine Beerdigung, meine Tochter Ruth ist zu ihrem Bräutigam, dem Herrn Jesus geeilt. Deshalb ist heute eine Hochzeit. Sie ist zu beglückwünschen!
Bekannte Persönlichkeiten in Japan, wie z.B. Yanaibara Tadao oder Fujii Takeshi wurden durch dieses Zeugnis gepackt und haben den Entschluß gefaßt: HERR, ich möchte Dir treu nachfolgen! Ich möchte nur für Dich leben!
>Unser Heiland, Jesus Christus, hat den Tod zunichte gemacht und Leben und Unvergänglichkeit ans Licht gebracht.< 2. Timotheus 1,10.
>Wo ist, o Tod, dein Sieg? Wo ist, o Tod, dein Stachel? Gott aber sei Dank, der uns den Sieg gibt durch unseren Herrn Jesus Christus.< 1.Korinther 15,55 und 57.
Ich selbst habe die Beerdigung von Lindtraud gehalten. Und auch ich hatte den Eindruck, daß es mir nicht klar war, ob es sich um eine Beerdigung oder Hochzeit handelte. Es soll deshalb kurz darüber berichtet werden. Manches überschneidet sich mit dem bereits Geschriebenen. Ich möchte anhand des aufgenommenen Tonbandes die Feier wörtlich wiedergeben:

Liebe Geschwister! Liebe Freunde!

Wir wollen unser Zusammensein mit Gebet beginnen: Herr Jesus! Wir sind so froh, daß Du in unserer Mitte bist, um uns zu segnen, um zu uns zu reden, um unsere Herzen einfach mit Lob und Dank in ganz neuer Weise zu erfüllen. HERR, Du hast Dich mächtig erwiesen in den vergangenen Tagen und Wochen und wir danken Dir, daß wir hier zusammensein dürfen als solche, die das Verlangen haben, Dich auch durch das heutige Zusammensein besser kennen zu lernen. Hab Dank, daß Du die Auferstehung und das Leben bist! Du hast gesagt: Wer an mich glaubt, wird leben, auch wenn er stürbe. HERR, wenn wir daran denken, daß unsere Linde jetzt bei Dir sein darf, dann können wir uns nur freuen und wir danken Dir, daß Du unseren Blick einfach mehr und mehr auf Dich richtest, daß wir Dich erleben, daß wir Dich erkennen als den, der allein echte Freude, wirkliche Befriedigung uns zu geben vermag. Amen!

Zunächst soll auf Folgendes hingewiesen werden:

1. In unserer Mitte sind Freunde unserer Lindtraud aus Japan. Feste Formen gibt es im Gemeindeleben dort in Tokyo nicht. Deshalb wird auch die heutige, sogenannte Beerdigung, wohl auch ein bißchen anders werden als die sonst üblichen. Bitte, nehmt es uns nicht übel!

2. Weil nur acht von über 250 Gläubigen hier sein können, soll für die anderen ein Film gedreht werden. Bitte laßt Euch dadurch nicht stören!

Die Tochter unseres Bruders Iimori, der mit seiner ganzen Familie in unserer Mitte weilt, wird uns etwas auf der Harfe vorspielen. Schon ein König David hat vor über 3000 Jahren seinen HERRN mit der Harfe gerühmt.

Die japanischen Geschwister singen noch ein Lied und zwar folgenden Inhalts:

>Bald ist's soweit, daß wir Ihn sehen,
der um unserer Sünde willen Sein Leben dahingab.
Von Angesicht zu Angesicht dürfen wir Ihn schauen.
Trauer und Schmerz werden unauffindbar sein.
Ihn dürfen wir sehen,

der unsere Hoffnung und Freude ist.<

Die übrige Jugend der Gemeinde in Tokyo hat folgendes Telegramm geschickt: >Gott selbst wird bei ihnen sein und Er wird jede Träne von ihren Augen abwischen und der Tod wird nicht mehr sein, noch Trauer, noch Schmerz wird mehr sein.<

Wir haben vom Heimgang unserer geliebten Lindtraud gehört. Der Schmerz ist tief! Doch wir wissen, daß er nur vorübergehend ist, da wir uns bald im Himmel wiedersehen dürfen.<

Kein Leid mehr, keine Träne mehr, der Tod entmachtet, keiner wird mehr einsam sein. Dann wird keine Sünde trennen, keine Krankheit mehr verzehren! Das ist Gottes Zusage! Und darüber werden uns die lieben Geschwister aus dem Kreiskrankenhaus in Kirchheim singen. Das Lied haben die Vollschwestern unserer Linde knapp fünf Stunden vor dem Heimgerufenwerden gesungen:

>Gott wird sein alles und in allen.

Dann wird es kein Leid mehr geben,
keine Träne mehr geweint.
Kein Verfolgen, Überheben über den,
der ärmer scheint.

Dann wird Er den Tod entmachten,
keiner wird mehr einsam sein.
Keiner wird dann mehr verachten
seinen Nächsten, groß und klein.

Dann wird keine Sünde trennen,
keine Krankheit mehr verzehr'n,
keine Lebensangst beklemmen,
keine Lasten mehr beschwer'n.

Dann vergehen alle Fragen,
jede Sehnsucht wird gestillt.
Frei von Hast und Lebensplagen
ist in Ewigkeit erfüllt!<

Ihr Lieben!

Wir sind heute nicht etwa zusammengekommen, um zu trauern. Wir sind hier, um den Herrn Jesus zu rühmen, denn Er ist des Lobes wert! Schon vor Tausenden von Jahren hat ein Hiob seinen HERRN gerühmt mit den Worten: >Der HERR hat gegeben, der HERR hat genommen. Gelobt sei der Name des HERRN!<

Hiob verlor innerhalb kürzester Zeit seinen Besitz und Reichtum, seine Kinder, seine Frau als Mitarbeiterin und Gehilfin. Er verlor seine Freunde und seine Gesundheit. Doch Hiob wurde nicht verbittert. Er zweifelte nicht an der Vollkommenheit, an der vollkommenen Liebe seines Gottes. Obwohl er Gottes Führung nicht verstehen konnte, betete er an: DER HERR HAT GEGEBEN! DER HERR HAT GENOMMEN! GELOBT SEI DER NAME DES HERRN!

Hiob sagt: Mein Gott gibt Lobgesänge in der Nacht! Der Prophet Micha konnte sagen: >Sitze ich in der Finsternis, so ist der HERR mein Licht!<

Und ihr Lieben! Unsere Lindtraud konnte auch bezeugen: Sitze ich in der Finsternis, sehe ich keinen Ausweg, selbst wenn meine Krankheit unheilbar ist, der HERR ist mein alles, Er genügt mir!

Wenn heute Linde hier sein könnte, würde sie sagen: Ein Leben mit dem Herrn Jesus lohnt sich! Bitte probiert's! Ja, sie könnte bezeugen: Es hat sich gelohnt!

Wie armselig ist das Leben eines Menschen, der den Herrn Jesus nicht persönlich kennengelernt hat, wer Ihn nicht von Herzen liebt und nur das eine Verlangen hat, für Ihn Frucht zu bringen!

Ihr Lieben! Es stimmt: Der lebendige Gott gibt auch heute noch Lobgesänge in der Nacht! Ich dachte auch an Paulus und Silas, von denen es heißt: Um Mitternacht aber beteten Paulus und Silas und lobten Gott. Und dann etwas sehr Entscheidendes: Und es hörten sie die Gefangenen.

Wenn in der Nacht, in der Dunkelheit und Finsternis gebetet und gelobt wird, dann horcht auch heute noch unsere Umgebung auf. Dort im Gefängnis in Philippi war es nicht nur äußerlich Nacht. Zweifellos auch eine Zeitlang in den Herzen von Paulus und Silas.

Sie waren auf dem rechten Weg. Sie standen in der Nachfolge Jesu. Sie hatten die beste Zielsetzung, nämlich die Verherrlichung Jesu allein. Als Folge liegen sie im Gefängnis. Es ist Nacht, finster, stockdunkel. Zuvor waren sie gegeißelt worden. In der damaligen Zeit war die Geißelung besonders grauenerregend: In die Lederriemen waren Eisenstücke eingeflochten, so daß der Rücken zerfleischt wurde. Es wird angenommen, daß dies wohl zwischen 6 und 7 Uhr am Abend war. Daraufhin lagen sie im Dunkeln. Wasser tropfte von den Wänden. Und dann waren die vielen unbeantwortbaren Fragen: Warum, weshalb, wozu? Wir wollten doch nur dem Herrn Jesus dienen, nur die Frohbotschaft weitertragen und nun läßt der HERR es zu, daß wir blutiggeschlagen wurden und in diesem furchtbaren Loch liegen müssen. Nacht - Dunkelheit - Finsternis! Das muß durchgestanden, durchlebt und durchlitten sein.

Paulus und Silas waren völlig machtlos. Sicherlich auch völlig hilflos und anfangs bestimmt auch mutlos. Sie konnten nur eines tun. Und das taten sie auch: sie ließen sich in die Hände ihres Gottes fallen und dann geschah das unvorstellbare: Die Finsternis wurde Licht! Nicht etwa äußerlich. Da war es genau so dunkel wie zuvor. Doch in ihrer Finsternis erlebten sie die Gegenwart Gottes und das Resultat waren Lobgesänge. Lobgesänge mitten in der Nacht! Lobgesänge in der Nacht der hoffnungslosen Lage.

Die Zeit zwischen 6-7 Uhr am Abend bis Mitternacht war eine ungemein lange Zeit. An Schlaf war nicht zu denken. Es war eine Zeit schwerster Anfechtung. Um Mitternacht hatte sich äußerlich nichts geändert. Die Spuren der Geißelung waren da. Die Füße immer noch im Stock. Der zerfleischte Rücken tat genau so weh und sie waren immer noch im gleich dunklen Loch.

Doch die Lage war trotzdem verändert. In ihren Herzen war es licht geworden. Sie haben aufgehört mit WARUM-FRAGEN. Sie konnten ihr Schicksal nicht verstehen und sie wollten es auch nicht mehr. Sie wußten es nicht und sie wollten es auch nicht mehr wissen. Sie wußten: Unser

Herr macht keine Fehler! Wir, die wir den Herrn Jesus lieb haben, dürfen wissen: Alles, und auch dies Erleben mit unserer Lindtraud, muß auf jeden Fall zum Besten, ja zum Allerbesten beitragen. Unser HERR ist vollkommen, ebenso Seine Führung. Es stimmt, daß alle Züchtigung, alles Schwere und Unbegreifliche für die Gegenwart nicht ein Gegenstand der Freude, sondern der Traurigkeit zu sein scheint. Dies ist aber nur scheinbar: Hernach aber stellt es sich heraus, daß wir für den Herrn Jesus keine Versuchsobjekte waren, sondern Heißgeliebte, für die Er immer nur das Allerbeste im Auge haben kann.

Paulus und Silas konnten anbeten. Lobgesänge stiegen auf mitten in der Nacht. Nicht etwa, weil es plötzlich unerwartet Tag geworden wäre, weil ihre Schmerzen nachgelassen hätten? Nein, ihre Herzensaugen wurden neu geöffnet für Ihn, den Mann der Schmerzen, den Herrn Jesus, für uns geopfert! Wie ein Blitzableiter hat Er den Zorn Gottes, der uns hätte treffen müssen, auf sich genommen. Er wurde um unseretwillen gestraft, verflucht und zur Sünde in Person gmacht. Dieser HERR ist es würdig, zu nehmen Preis und Dank! Mitten in der Nacht loben und danken können, das übersteigt die menschliche Kraft. Das ist einfach zu viel verlangt. Doch was dem Menschen unmöglich ist, schafft Gottes Geist. Paulus beschreibt es so: Der Geist Gottes vertritt uns. Er tut es an unserer Stelle. Und so gelingt es. Das heißt: Man kann wieder beten. Man kann sich in Jesu Hände fallen lassen. Man kann sagen: Ich will gar nicht mehr wissen, warum Du so führst. Ich will auch nichts fordern, denn Du machst es recht. Ich bitte Dich auch nicht, meine Lage zu verändern. Eines aber möchte ich: Laß mich Deine Gegenwart spüren! Laß mich erfahren, daß Du da bist, ganz nah!

Ihr Lieben! Das ist ein unermeßliches Geschenk: Nichts mehr vom HERRN zu wollen, sondern nur Ihn selbst wollen. HERR, ich will nur Dich! Du genügst mir! Du bist mein Alles! Was macht es, wenn mir auch Leib und Seele verschmachten, wenn ich nur Dich habe!

Unser Flehen für unsere Lindtraud war immer nur HERR, mach ihr Deine Gegenwart über alles groß! Werde Du selbst ihr über alles groß! Im Bibellesezettel hieß es einmal: Gott verliert nichts aus der Hand. Er bleibt der HERR! Auch in der Nacht. Auch unter Tränen. Seine Hand ist hinter allem. Seid getrost! Siehe da ist und bleibt euer Gott. Gott muß die Ehre werden. Er wird mit Seiner Führung recht behalten. Er macht keine Fehler!

Unsere Lindtraud ist nun bereits unser zweites Kind, das unser wunderbarer HERR zu sich in die Herrlichkeit abgerufen hat. Unsere Christel-Gabriele ist 1958 geboren und war ein halbes Jahr später beim HERRN. Damals ließen wir auf den Grabstein das Wort aus Offenbarung 4 schreiben: KOMM HIER HERAUF! Der Mensch stirbt nicht an irgendeiner Krankheit. Er darf sterben, wenn der HERR ruft.

Lindtraud durfte heimgehen. Wir aber müssen noch hierbleiben. Wohl in der Hauptsache, weil wir noch viel zu erdgebunden, ichbezogen und selbstsüchtig sind. Lindtraud war unsere einzige Tochter, die nicht in Japan, sondern hier in Deutschland geboren ist. Im Lauffener Krankenhaus erblickte sie das Licht der Welt. Es war während unseres ersten Heimaturlaubes. Völlig problemlos wuchs sie auf. Nie machte sie Schwierigkeiten. Immer wieder führten wir dies auf die vielen Gebete zurück. Schwester Lydia Waleska aus dem Mutterhaus in Aidlingen war das Werkzeug des HERRN, durch das Minchen und ich zum HERRN kamen und sie war es auch, die wir baten, Patentante, besondere Beterin, für Lindtraud zu werden. Da wir Lindtraud natürlich nicht als Säugling tauften, sondern später, als sie bewußt Eigentum Jesu wurde, haben wir damals mit Schwester Lydia zusammen eine Art Einsegnungsfeier gehalten, in der Linde von vielen dem HERRN gebracht wurde mit der Bitte, daß sie doch bald bewußtes Eigentum Jesu werden möge. Und das hat unser wunderbarer HERR getan.

Was dann in Japan besonders herausstach war ihre Einsatzbereitschaft, mit der sie sich der vielen Kinder annahm. Um die Mütter zu entlasten, nahm Linde jedes Opfer auf sich und die Kinder hingen an Linde, wie es mit Worten nicht zu sagen ist. Es gibt Kinder, deren Augen aufleuchten, wenn sie nun, nach Jahren, nur den Namen Linde hören. Als dann Lindtraud später, damals allein mit ihrer jüngeren Schwester Brigitte, Japan verließ, war es auch für uns ein schmerzlicher Abschied. Lindtraud hat damals Frau Hoshi, die heute auch in unserer Mitte weilt und ihre intimste Freundin in Japan war, versprochen, nach ihrer Ausbildung als Missionarin nach Japan zurückzukommen, um im Stadtteil Machida dem HERRN zu dienen.

Während der Ausbildungszeit ist Linde innerlich gewachsen und immer wieder waren selbst wir, als Eltern, überrascht. Denn sie hatte Einsicht in manch verworrene Lage, hatte feste Überzeugungen und stand dazu, ob sie nun dafür zu leiden hatte oder nicht. Mit einem Wort gesagt: Der Herr Jesus konnte zu ihr reden. Sie gab Seinem Wirken Raum. Es war ihr Herzenswunsch, für den Herrn Jesus dazusein, ihr Leben für Ihn einzusetzen.

Warum der Herr Jesus sie wohl so früh heimgeholt hat? Wir wissen es nicht. Das eine aber wissen wir: Sie war reif für die Ewigkeit. Und nun darf sie daheim sein. Bald werden wir sie sehen dürfen. Es ist nur ein ganz kurzer Abschied. Lindtraud ist eben vorausgeeilt und wir wollen echt Nacheilende sein. Wie soll dies geschehen?

Lindtrauds Heimgang ist ein Ruf, Buße zu tun und ein Ruf zu ernster Hingabe, Übergabe und Selbstaufgabe. Im Hebräerbrief 13,7 lesen wir:> Den Ausgang ihres Wandels schaut an, ahmt ihren Glauben nach.< Das heißt: Alle, die noch keine Heilsgewißheit haben, die nicht mit 100%iger Sicherheit wissen, daß sie nach dem Tod bei Jesus in der Herrlichkeit sein werden, sind durch den Heimgang unserer Lindtraud aufgerufen, Buße zu tun, Schuld und Sünde dem Herrn Jesus zu bekennen und Ihm für Sein Erlösungswerk zu danken. Dann, als Beweis echter Buße, in die Nachfolge Jesu zu treten und die Herrschaft des eigenen Lebens dem Herrn Jesus auszuliefern.

Oh ihr Lieben! Ein Leben der Hingabe an den Herrn Jesus

lohnt sich! Nachdem Lindtraud von ihrem hoffnungslosen Zustand erfahren hat, betete sie: >Danke Herr Jesus
für die Krankheit. Du bist DER Arzt. Du kannst mich
gesund machen. Doch egal, wie Du's machst. Wenn es
keine Heilung gibt, dann freue ich mich, daß ich bald zu
Dir kommen darf. HERR, ich bin bereit, hole mich bald
heim!<
Ihr sogenanntes Einkommen hat sie immer aufgebraucht,
nicht etwa für sich. Immer wollte sie anderen Freude
bereiten. Der Herr Jesus kommt sowieso bald, weshalb
dann sparen. Nach der Entrückung brauchen die Ungläubigen nichts vorfinden! Das war ihre Einstellung. Sie hat
recht gehabt. Ihre Rechnung ist aufgegangen. Sie hat
nichts zu bereuen. Konkret hat sie ihre Anordnungen getroffen. Was ich noch an Geld habe, soll nach Japan, für
den Saalanbau sein. Habt ihr es gehört, oder soll ich es
noch schriftlich geben? so fragte sie. Meine Kleider ver-
teilt ihr dann untereinander, sagte sie zu ihren Schwestern. Allerdings mit dem Zusatz, nach Lindeart: >Aber
bitte, streitet nicht.<

So verteilte sie ihre Bücher, verschenkte ihren Photo-
apparat, das heißt, sie wollte mit diesen Kleinigkeiten ihre
Liebe zeigen und Freude machen. Da war nichts, an dem
sie festhalten wollte. Nie betete sie für die eigene Gesun-
dung, stets aber für ihr Umgebung. Für Frau N., die
anfangs neben ihr lag und bekannte: Ich kann es mit
Worten nicht ausdrücken, was Lindtraud mir gegeben hat.
Frau T., die ebenfalls mit ihr im Zimmer war und Melanie
mit ihrer Mutter, lagen ihr immer auf dem Herzen. Sie
konnte beten: >HERR vergib, daß wir so dumm sind und
an Kleinigkeiten herummachen.< Kleinigkeiten waren für
Linde die eigene Gesundheit und das eigene Wohlbefinden.
Täglich durften wir mit Linde noch zusammensein und
wir merkten, daß die obere Heimat für Linde mehr Wirklichkeit war als die Sichtbarkeit. Natürlich brach auch
immer wieder ihr Humor durch. Alle, die Lindtraud näher
gekannt haben, wissen, wie sie sich freuen konnte, wie sie

lachen konnte. Auf dem Sterbebett hatte sie zeitweilig, durch die dauernden Schmerz- und Arzneimittel ungemeine Schweißausbrüche. Anfangs versuchten wir Linderung zu schaffen. Zunächst mit einem japanischen Fächer, dann mit dem Bibellesezettel. Ich wollte mal wissen, was wirkungsvoller sei, ob mit dem Fächer oder dem Bibellesezettel mehr Luft zugewedelt werden könnte, und sagte: Was ist besser, Linde, der Fächer oder der BLZ? Linde daraufhin, in ihrer trockenen Art: Inhaltlich, auf jeden Fall der BLZ!

Täglich war ihr Verlangen: Lest mir den Bibellesezettel oder lest mir was aus der Bibel vor! Wohl dem, dem Gottes Wort Stärke, Hilfe und Freude wird! Meine Mutter, also Lindes Großmutter, meinte: Am liebsten würde ich auch im Krankenhaus mich neben Linde ins gleiche Zimmer legen und sterben! Linde darauf: Nein, vor der Oma komme ich dran! Für Linde war es nicht ein Sterbenmüssen, sondern ein Heimgehen-dürfen. Manchmal hat sie gefragt: Wie lange muß ich noch hierbleiben? Wir konnten nur sagen: Bis dich der Herr Jesus ruft. Lindes spontane Antwort: Hoffentlich ruft Er bald! Im Blick auf die obere Heimat sagte sie: Ich geh' und such' euch das schönste Häusle raus!

Da sie über vier Wochen nichts essen konnte und an ihre japanischen Lieblingsspeisen dachte, meinte sie mal: Im Himmel eß ich dann gleich mit unserem Christele japanischen Osushi-gohan. Kindlich hat sie sich gefreut, bald Bekannte sehen zu dürfen. In den letzten Stunden vor dem Heimgang hat sie, weiß nicht wie oft, immer wieder gesagt: Herr Jesus! Herr Jesus!

Dann waren es eine Großmutter in Japan, die jahrelang mit uns zusammenlebte und bereits beim HERRN ist und vor allem natürlich ihre Tante, Schwester Lydia Waleska, auf die sie sich freute.

Am Telephon hat sie nach Amrum die Gedichtstrophe gesagt, die ihr Schwester Elisabeth Schweizer gab:

Noch eine kurze Zeit, dann ist's gewonnen.

Dann ist der ganze Streit in nichts zerronnen.
Dann kann ich laben mich an Lebensbächen
und ewiglich mit Jesus sprechen.

Bald kam von Amrum die Antwort folgenden Inhalts: >Ich bin so froh, daß die erste Palme, - (Lindes Klasse sind die Palmen) - die Jesus in die Ewigkeit verpflanzt, nicht klagt und damit Last auf andere legt, sondern sich freut, wenn sie immer mit Jesus sprechen darf und daheim ist. Das wird uns anderen auch zur Hilfe für den Dienst und das eigene Abschiednehmen. Du gehst uns nicht verloren. Du gehst uns nur voran. Deine Palmen sollen auch ganz mitgehen und nahe bei Jesus sein.<

Ein andermal hieß es in einem Brief an Linde: >Du hast einmal nach Frucht gefragt. Dein JA zu dem so anderen Weg ist für uns Segen und damit Frucht für Jesus.<

Zu Schwester Elisabeth sagte Linde nämlich: Der Gedanke, bald bei dem Herrn Jesus zu sein, macht mich so froh. Doch der Gedanke, so wenig Frucht gebracht zu haben, schmerzt. Ihr Lieblingsvers war Jesaja 53,7. Ein eigenartiger Vers für ein Mädchen von 20 Jahren: >Er wurde mißhandelt. Aber er beugte sich und tat den Mund nicht auf. Gleich dem Lamm, welches zur Schlachtung geführt wird und wie ein Schaf, das stumm ist vor seinen Scherern. Und Er tat seinen Mund nicht auf.<

Dieses Lamm, nämlich den Herrn Jesus, hat unsere Lindtraud gekannt, Ihn hat sie geliebt und Ihm wollte sie dienen. Ihr Lieblingslied, oder eines ihrer Lieblingslieder war: Bei Dir, dem Weinstock, hilf uns bleiben. Es heißt darin: >Ich möchte bei Dir bleiben auch im Zweifel, wenn Du mir nicht vertrauenswürdig scheinst. HERR, Dir mißtrauen, so rät nur der Teufel. Du hast am KREUZ bewiesen, wie Du's meinst. Ich möchte bei Dir bleiben in Verfolgung, wenn Angst und Spott und Nöte mich bedroh'n. Du kannst uns dann auch stärken zur Bewährung; denn Du hast Selbst erduldet Schmerz und Hohn. Ich möchte bei Dir bleiben durch die Jahre, wenn ich Dein Führen nicht verstehen kann. Du willst ja nicht nur einen guten Anfang, ans Ziel soll kommen, wer mit Dir begann.<

Und nun ist sie am Ziel, unsere Linde. Wir nehmen heute nicht Abschied von Lindtraud. Da sind wir bereits zu spät dran. Sie ist nicht mehr hier. Sie ist längst bei Ihm, dem Herrn Jesus. In einer unvorstellbaren Herrlichkeit darf sie sein. Sie ist schon zu beneiden. Doch wir gönnen es ihr von Herzen. Denkt euch, sie äußerte noch einen Wunsch: Daß nämlich am heutigen Tag, dem Tag ihrer Beerdigung, das >Halleluja< von Händel, gespielt würde. Ihren Wunsch wollen wir erfüllen ...

Zum Schluß noch einige Sätze aus Lindtrauds Notizen: Was ist eine Persönlichkeit? Eine Persönlichkeit ist ein Mensch, der weiß, für was er lebt und stirbt. Eine Persönlichkeit kann dem Tod ins Auge schauen. Es fällt uns nicht leicht, mit unserem Willen unter dem Willen Gottes zu bleiben. Mit anderen Worten: Wir wollen selbst herrschen. Und das finde ich, ist das Dümmste, das man machen kann. Wir dürfen Jesus doch jede Hilfe zutrauen, aber wehe, wir fangen an Ihm vorzuschreiben, was Er zu tun hat.

In der letzten Zeit durfe ich Jesus so hautnah erfahren, daß es mir eine Wonne ist, Ihm zu gehören. Eines darf ich wissen, daß Gott mich nie überfordert. Er hilft in der Not, und wenn Seine Zeit gekommen ist, auch aus der Not.

Das Wort sagt uns, daß Gott immer zur rechten Zeit eingreift. Wir brauchen uns kein bißchen zu sorgen, denn es geht nicht um eine menschliche Sache, die man mit eigener Kraft durchstehen müßte. Es geht um Gottes Sache, die Er selbst durchträgt. Beten heißt: Gemeinschaft mit unserem HERRN haben. Wo wir in dieser Gemeinschaft gegründet sind und aus Seinen Quellen die Kräfte schöpfen, vermögen wir durchzuhalten und unter den Lasten zu bleiben bis zum Ziel.

Ist meine Liebe zu Jesus der Anker, der in Bedrängnissen hält? Habe ich jemals für meinen Jesus etwas getan, das nicht meinem Pflichtgefühl, der Nützlichkeit und Notwendigkeit entsprang, sondern einzig und allein begründet war in der Tatsache, daß ich Jesus liebe?

Weshalb fällt es uns manchmal so schwer, unseren Besitz aufzugeben? Der Grund dafür ist, daß unsere Verbindung mit Jesus nicht in Ordnung ist. Wir müssen Ihn von ganzem Herzen lieben und es wird unsere größte Freude sein, alles, was wir haben, Ihm zu Füßen zu legen. Je mehr wir Ihn anbeten, betrachten und Seine Liebe im Blickfeld haben, desto mehr wird unser Herz entzündet zu dankbarer Gegenliebe und desto leichter fällt es uns, Ihm in allen Situationen rückhaltlos zu vertrauen. Ich bin dazu berufen, in vollkommener Verbundenheit mit Jesus zu leben, damit mein Leben auch in anderen Menschen eine Sehnsucht nach Gott hervorruft. Wenn wir keine Liebe zu Jesus haben, dann werden wir auch nicht dort sein, wo Er ist. Es wird niemand im Himmel sein, der nicht zuerst gelernt hat, hier, auf der Erde, zu lieben.

In Lindtrauds Bibel lag ein Zettel folgenden Inhalts. Er war zugeklebt. Aus welchem Grund, weiß ich nicht. >Herr Jesus, obgleich ich Dich noch nie mit meinen Augen gesehen habe, gilt Dir doch meine ganze Liebe, und Dir will ich mein volles Vertrauen schenken, obwohl ich Dich nicht persönlich vor Augen habe! Oh, mit welch unaussprechlicher, herrlicher Freude werde ich jubeln, wenn ich Dich sehen darf! Dann bin ich für ewig in Sicherheit.

Du bist die Auferstehung und das Leben. Wer an Dich glaubt, wird leben, auch wenn er stirbt, und jeder, der da lebt und an Dich glaubt, wird in Ewigkeit nicht sterben!

Das Gnadengeschenk Gottes ist ewiges Leben in der Gemeinschaft mit Jesus Christus, meinem Herrn!

Solange ich noch in diesem Leibe bin, bin ich noch nicht in meiner eigentlichen Heimat angelangt; sondern befinde mich in der Fremde, fern von dem Herrn. Ich tue hier meine Schritte im Vertrauen, und bin noch nicht zum Schauen gelangt. Aber ich bin getrost und möchte lieber diesen Leib verlassen und in meine himmlische Heimat gehen zum Herrn. Darum will ich alles daransetzen und voll Eifer sein, Jesus, meinem Herrn, wohlgefallen, bis Er kommt.

Meine Heimat und mein Ziel liegen im Himmel!<

Unsere Lieben aus Kirchheim singen noch eines der Lieblingslieder von Lindtraud:

Jesus, die Sonne, das strahlende Licht,
Jesus, die Freude, die Mauern durchbricht!
Die auf Ihn schauen, werden sein wie die Sonne!
Als um mich war ein Gefängnis
von Angst und Traurigkeit,
da führte aus Bedrängnis
mich Gottes Freundlichkeit.
Für Gott ist doch nichts unmöglich,
Er will mir Gutes tun.
Durch Ihn allein bin ich glücklich,
kann bei Ihm sicher ruh'n.
Gott läßt meinen Fuß nicht gleiten,
nie schläft und schlummert Er,
umgibt mich von allen Seiten
mit seinem Engelheer.
Es mögen sich freuen alle
und rühmen Gottes Gnad'
mit fröhlichem Jubelschalle,
weil Er gesegnet hat.

Dann beten wir noch zusammen:
Herr Jesus, wenn wir daran denken, daß unsere Linde
jetzt Dich sehen darf von Angesicht zu Angesicht, dann erfüllt uns eine unbändige Freude. HERR, Du hast Dein
Leben nicht nur dahingegeben und gelassen um Linde zu
erlösen, es war Dein Verlangen, Linde bei Dir zu haben,
damit sie Deine Herrlichkeit schaut. HERR, es ist uner-
meßliche Gnade, daß Du sie zu Dir gezogen hast. Du hast
sie nicht nur vor Grundlegung der Welt geliebt, hast nicht
nur je und je an sie gedacht, Du hast ihr Herz auch
geöffnet für den Reichtum, der in Dir verborgen ist, und
nun hast Du sie zu Dir geholt. HERR, Du weißt, wie jeder
Einzelne von uns zu Dir steht, daß in unserer Mitte noch
solche sind, die keine Heilsgeweißheit haben, die nicht in
Deiner Nachfolge stehen. HERR, wir danken Dir, daß Du
den Heimgang von Linde dazu benützt, daß sie heim-
finden zu Dir, daß sie genug haben von dem, was diese
Ede zu bieten vermag und sagen können: Mir ist die Welt
versunken, seit ich Dich darf verstehen. HERR, wir

wissen, daß Du bald kommst. Schenk es, daß wir uns ganz, ganz neu in die echte Nachfolge rufen lassen, daß Du uns alle gebrauchen kannst, damit Dein Name verherrlicht und Du allein gepriesen wirst! HERR, wir danken Dir, daß wir Dich lieben dürfen. Wir danken Dir, daß Du uns erlaubst, Dir zu dienen, daß Du selbst in unsere Herzen das Verlangen hineingelegt hast, Dich besser kennen zu lernen. Amen!

Und nun wollen wir zusammen zum Grab gehen!

Während der Sarg hinuntergelassen wird, singen unsere Lieben aus Kirchheim:

>Freuet euch, das Grab ist leer! ER ist auferstanden!
Dem Tode ist die Macht genommen! Jesus ist der HERR!

Der Tod war bisher für alle das Letzte,
auch dann, wenn man noch die Gräber verziert.
Doch unser HERR lebt und man kann Ihm begegnen,
die ganze Welt wird von Ihm regiert.

Wir brauchen nicht leeren Worten zu glauben!
So wie Er gesagt hat, ist es gescheh'n.
Nun ist Er der Sieger, der Fürst alles Lebens!
Wenn Er ruft, werden wir aufersteh'n.

So wollen wir unser Leben Ihm leben,
Ihm dienen und Ihm gehorchen allein.
Der Kommende wird auch das letzte Wort sagen.
Er wird der Richter und Herrscher sein. <

Laßt uns Gottes Wort hören:
> Die Leiden dieser Zeit sind nicht zu vergleichen mit der zukünftigen Herrlichkeit, die an uns wird offenbar werden. < Römer 8,18

> So ist nun nichts Verdammliches an denen, die in Christus Jesus sind.< Römer 8,1

> Denn ich bin gewiß, daß weder Tod noch Leben uns zu scheiden vermag von der Liebe Gottes, die in Christus Jesus ist, unserem HERRN.< Römer 8,38-39.

> Leben wir, so leben wir dem HERRN, sterben wir, so sterben wir dem HERRN. Darum, wir leben oder sterben, so sind wir des HERRN.< Römer 14,8.

> Ich weiß, daß allezeit, also auch jetzt, Christus hoch gepriesen werde an meinem Leib, es sei durch Leben oder durch Tod. Denn Christus ist mein Leben und Sterben ist mein Gewinn! Ich habe Lust, abzuscheiden und bei Christus zu sein, was auch viel besser ist! <
Philipper 1,19-23.

> Wir sind aber getrost und haben vielmehr Lust, außer dem Leib zu wallen und DAHEIM ZU SEIN BEI DEM HERRN.< 2.Korinther 5,6-7.

Laßt uns beten:
Herr Jesus! Wir danken Dir, daß Du unsere und Deine Lindtraud heimgeholt hast. Daß sie Dich schauen darf, den König in Seiner Schöne, daß sie ein weithin offenes Land in Besitz nehmen darf. HERR, es ist unser Verlangen, daß Du fortfährst, zu uns zu reden, daß in unser aller Herzen gebahnte Wege für Dich sind. Deine Augen durchlaufen auch jetzt das ganze Erdenrund. Du bist auf der Suche nach Menschen, die Dich meinen, die Dich von Herzen liebhaben. Die nicht an sich denken, sondern sich danach ausstrecken, daß Du verherrlicht wirst. HERR gib, daß wir uns alle ganz neu Dir zu Verfügung stellen und Du durch unser aller Leben verherrlicht wirst. Amen!

Zum Schluß singen die japanischen Geschwister noch das Lied: >SHALOM<, mit folgendem Inhalt:
Gottes tiefer, überfließender Friede und Seine reiche Gnade sei mit uns allen, bis wir uns wiederseh'n.

9. AUS VIELER ZEUGEN MUND

Am 5.September 1980 sind wir als Familie und die acht japanischen Geschwister wieder wohlbehalten nach Japan zurückgekehrt. Durch die ganze Leidenszeit Lindtrauds hat der HERR uns wunderbar hindurchgetragen. Die Gebete unserer japanischen Geschwister in Tokyo haben zweifellos viel dazu beigetragen.

Die vielen Briefe, die wir dann aus Deutschland gesandt bekamen, waren uns Trost und Stärkung. Auch was wir von Ärzten, Krankenschwestern und Klassenkameradinnen hörten, ließ unsere Herzen dankbar dem HERRN entgegenschlagen.

Ein Brief soll wörtlich wiedergegeben werden:

> Es war mir ein heiliges Vorrecht, daß ich Lindtraud in ihrer so schweren Krankheitszeit während der ersten 2 Wochen nach dem operativen Eingriff beistehen und sie pflegen durfte.

Dabei bewegte es mich sehr, daß solch ein junges, frohes Menschenkind mit so vielen Fähigkeiten und Begabungen und zugleich einer Zukunft, für Gott einmal in Japan zu dienen, nun so plötzlich wie ein Weizenkorn von Gott selbst in die Erde gesenkt wurde. Mich beschäftigte immer wieder die Frage, warum wohl Gott dieses große Leid zuließ, obwohl man ja nach dem WARUM nicht fragen sollte, da Seine Gedanken einfach höher als die unseren sind, wie auch Seine Wege wunderbar! Täglich mußte ich mir dessen bewußt werden, um nicht an Seiner Führung zu zweifeln.

Eines Nachts, etwa 1 Woche nach ihrer Operation, als Lindtraud wach geworden war, und ich ihr eine schmerzstillende Spritze gegeben hatte, fiel mein Blick auf eine Karte, die auf ihrem Nachttisch lag. Es war das tröstliche Wort:

> Ich habe dich je und je geliebt, darum habe ich dich zu mir gezogen aus lauter Güte! < Jeremia 31,3

Als ich dann diese Karte in die Hand nahm und sie Lindtraud vorlas, sagte sie zu mir: Denk Maria, das ist mein Jahreswort, und das wird sich jetzt bald erfüllen! Dabei strahlte sie, und eine tiefe Freude lag auf ihrem Antlitz. Das hat mich neu gepackt, wie Lindtraud sich von allem gelöst hatte, ein lebensfroher, junger Mensch und so los von dieser Erde.

Einmal war ich mit dem Abendmedikament etwas zeitiger als sonst zu ihr gekommen, da ich erfahren hatte, daß sie wieder Schmerzen hatte. Ihre Mutter war auch gerade da und saß neben ihrem Krankenbett und wartete darauf, zu einem Missionslaienspiel abgeholt zu werden - aber Lindtraud meinte, ihre Mutter sollte doch ruhig schon gehen und schickte sie fort - worauf ich antwortete, es seien noch 45 Minuten Zeit und ihre Mutter könnte doch gern noch bleiben; aber Lindtraud wiederholte entschlossen: Ach nein, Mutti soll ruhig schon gehen, sie war jetzt so lange bei mir, - und dabei hing Lindtraud wie kaum einer an ihrer Mutter; uns war bekannt, daß sie unter starkem Heimweh litt.

Vor ihrer Krankheit war Lindtraud mal in der Stadt, um sich ein Nachthemd zu kaufen, doch schien es ihr zu teuer, und lieber wollte sie das Geld für die Mission geben. Niemand wußte von diesem Wunsch - und nun, während ihrer schweren Krankheitszeit schenkte ihr eine Schwester genau dieses Hemd zu ihrer großen Freude und Überraschung. Ein weiteres Beispiel, wie gelöst sie war.

Sehr beeindruckt hat mich auch ihre Bibel. Wenn ich in manchen Nächten ihr daraus vorlas, staunte ich nicht wenig, wie die Bibel so richtig >durchgeackert< war, nicht nur viele Stellen unterstrichen, sondern auch viele Seitenbemerkungen am Rand - darin hat sie gelebt.

Lindtraud strahlte ganz großen Frieden aus. Ein junger Arzt konnte es einfach nicht lassen, wie sie so ruhig und im Frieden daliegen konnte. Er meinte, das müsse doch unecht sein und wie eine Maske. Daraufhin unterhielt ich mich mit diesem Arzt ein kurzes Weilchen und versuchte, ihm klarzumachen, wenn man mit diesen Schmerzen und mit solch einer Diagnose daliegt in dieser Ruhe und Gelassenheit, das müsse doch erarbeitet sein, und wenn man ein solch schweres Los nicht von Gott annehmen würde, könnte man nicht so im Frieden daliegen, wie wir es immer wieder bei anderen Patientinnen erleben. Das muß ihm doch irgenwie nachgangen sein.

Täglich neu beeindruckte es mich, wie Lindtraud trotz der Schmerzen immer wieder strahlte und im Frieden sein konnte. Für mich war das ein offensichtlicher Beweis, welch eine wunderbare Macht das Gebet hat und zugleich ein Ansporn, von diesem Vorrecht viel mehr Gebrauch zu machen! Lindtraud lag so hingegeben in Gottes Willen da, bereit zum Heimgehen, obwohl sie auch wußte, Gott könnte sie durch ein Wunder heilen, wenn Er wollte.

Die Realität der Ewigkeit war für uns beide spürbar nahe. Wir wollten uns nur noch über Ewigkeitswerte unterhalten; und so erwähnte ich auch nebenbei, mich mit >DU< anzureden, wie es doch im Himmel sowieso sein wird, wo wir keinen Unterschied mehr machen werden, uns nur noch lieben ...

An jenem Abend, kurz nachdem ihre Klasse nach Amrum abgefahren war, sage Lindtraud zu mir: > Hast Du gehört, gerade sind sie losgefahren.< Sie freute sich richtig mit, daß nun die Klasse in Urlaub fuhr, auch wenn sie hierbleiben mußte und viele Schmerzen hatte. Der Omnibus hatte extra laut gehupt. Sie wußte damit, daß ihre Mitschülerinnen zusammen mit Schwester Elisabeth nun abfuhren. Lindtraud hat sie alle in viel Liebe auch die nächsten Tage im Geist begleitet mit ihrem Gebet, was auch umgekehrt der Fall war. Nicht weniger beeindruckte mich folgendes Erlebnis: Bei meinem Rundgang durch die Krankenzimmer zeigte mir eines Abends eine frühere Mitpatientin von Lindtraud voller Freude ein kleines Büchlein, das sie ihr an jenem Tag hatte zukommen lassen. Trotz großer Schmerzen hatte Lindtraud liegend auf angezogenen Knien eine lange Widmung verfaßt, in der sie zum Ausdruck brachte, wie sehr sie sich mitfreute, daß diese Patientin nun auch Jesus nachfolgen wollte und ermutigte sie, Ihm doch die Treue zu halten!

Wir unterhielten uns ein andermal, wie Gottes Führung

oft menschlich nicht zu verstehen ist, aber daß Er nie einen Fehler macht, und vielleicht habe Gott es auch zugelassen um unserer Ärzte willen. Lindtraud antwortete >Das wäre meine größte Freude und mein größter Wunsch, wenn mein Leiden dazu beitragen würde!<, und sie hatte ja auch dafür gebetet, daß an den Ärzten etwas geschehen möchte, und sie fragend werden. Dabei war gewiß, daß es nicht umsonst heißt: Das Weizenkorn, das in die Erde fällt, bringt Frucht.

Eines Tages bemerkte Lindtraud: Maria, du machst viel zuviel für mich, du schaffst viel zuviel an mir! So bescheiden war sie.

Nochmals möchte ich voll Dank sagen: Es war mir ein heiliges Vorrecht, Lindtraud zu erleben. Sie hat mich ganz neu angespornt, ewigkeitsbewußter zu leben. <

In Japan habe ich dann eine über Linde zusammengestellte Dia- Serie und einen Schmalfilm gezeigt. Als Antwort kam z.B. folgendes Echo:

> Daß ich den Herrn Jesus, den Linde von ganzem Herzen geliebt hat, auch kennenlernen durfte, erfüllt mich mit Dank. Durch Vertrauen durfte ich ein Kind Gottes werden. Als ich das Zeugnis über Linde hörte, wußte auch ich aufs Bestimmteste: Ein Leben, zusammen gelebt mit dem Herrn Jesus ist das herrlichste. Mein Glaube ist schwach, einem dünnen Bindfaden zu vergleichen. Darf ich bitten, mir in meinem Glaubensleben beizustehen und Hilfe zu sein! Immer beim Herrn Jesus bleiben wollen, das ist mein Gebet! Wenn für mich die Zeit gekommen ist, möchte ich so sterben können, wie Linde es durfte. Wenn ich am Boden liege und an Linde denke, dann weiß ich, daß Lindes HERR auch der meine ist. Wie Linde den Herrn Jesus geliebt hat, möchte auch ich Ihn lieben lernen ...<

Von einem Sanatorium, in das auch eine Kassette über Lindtrauds Heimgang auf irgendeine Weise gekommen ist, erhielten wir folgende Nachricht:

Entschuldigt bitte, daß ich mich als Fremder auf diese Art

melde! Als ich von einer Bekannten die Beerdigungs-kassette von Linde bekam, habe ich dadurch den Vater und dann auch die Tochter Linde kennengelernt. Ehrlich muß ich gestehen, daß mich die Kassette echt umgeworfen hat. Jeden Abend höre ich mir die Kassette an. So oft ich sie auch höre, werde ich immer in gleicher Weise getroffen.

Ich habe ganz vergessen, mich vorzustellen: Ich heiße Odschima und bin schon längere Zeit Eigentum Jesu. Seit einiger Zeit bin ich in diesem Sanatorium. Doch ich habe gelernt, nicht für meine Gesundheit zu beten, sondern für das Heil meiner Mit- und Nebenmenschen. Gelassen, ja freudig kann ich nun dem Tod entgegensehen. Ich bin überzeugt, daß Linde, mit Freude erfüllt, einer ewigen Herrlichkeit teilhaftig geworden ist. Ich würde mich freuen, wenn wir uns persönlich kennenlernen können ...<

Dann waren es auch die 8 Geschwister, mit denen wir zusammen nach Deutschland gingen, die froh bezeugten, daß ihnen der Herr Jesus größer geworden sei. Der Graphiker, Bruder Imori, erzählte:

Wir als Familie wohnen ganz in der Nachbarschaft von Familie Beck und kennen dieselben schon seit 10 Jahren. Wir haben durch sie den Herrn Jesus kennengelernt, sind bewußt in die Nachfolge getreten und dadurch hat uns mit ihnen ein besonders enges Band verbunden. Unvergeßlich bleibt mir und auch meinen beiden Töchtern, die besonders mit Linde befreundet waren, nun ihr Heimgehen-dürfen in die ewige Herrlichkeit.

Kurz möchte ich berichten, wie ich vom Geschick Lindes erfuhr und was wir empfanden: Es war am 10. Juli, morgens um acht Uhr, als wir am Frühstückstisch saßen. Das Telepfon läutete: Hallo! Bist Du's Kakusan? Hier ist Gotthold. Guten Morgen! Unsere Linde ist krank. Es ist Mitternacht. Ich wußte nicht, ob das Telephon von Gottholds Elternhaus oder direkt vom Krankenhaus war. Angst und Schrecken überfielen mich. - Heute ist Donnerstag. Ich bitte Dich, sag es den Geschwistern heute Abend bei der Gebetsstunde. Genaues kann nicht mitgeteilt werden. Nächste Woche wird Linde operiert werden. Bitte denkt an sie! - > Ich werde es allen weitersagen! Wir beten!< > Es besteht die Möglichkeit, daß es Krebs ist. Seit zwei Wochen wurde Linde untersucht, doch können nur Vermutungen angestellt werden. Am 24. wird aufgemacht werden.< Damit war das Gespräch beendet. Es waren nur drei Minuten gewesen.

Eine Woche später, wiederum an einem Donnerstag kam der nächste Anruf. Es war abends 5 Uhr bei uns: >Hallo! Hallo! Es war doch Krebs! Es wurde aufgemacht, festgestellt, daß wirklich nichts mehr zu machen war und wieder zugenäht. Medizinisch ist nichts mehr drin. Ein hoffnungsloser Fall. Doch ist Linde klar bei Bewußtsein. Bitte denkt weiterhin an sie!<

Als wir dann beim Abendessen saßen, waren die Augen meiner Frau und meiner Mädchen mit Tränen gefüllt. Wir hatten geplant, von Mitte August bis Mitte September mit den Geschwistern Beck verschiedene Versammlungen in Deutschland zu besuchen und kennenzulernen. Zusammen mit uns sollten die Freundin von Lindtraud, Frau Hoshi und Frau Shiraki und der Sohn von Frau Takahashi diese Reise unternehmen. Am 12. August sind wir dann abgereist und nach 33 Stunden glücklich in Frankfurt gelandet. Gotthold, Minchen und ihre Töchter waren am Flugplatz. Trotz des Krankseins von Linde waren wir überrascht über die Haltung der Eltern und Geschwister von Linde. Freude und Friede strahlte während der zweistündigen Autofahrt von ihnen aus. Der Herr Jesus war uns nahe, so daß wir nicht anders konnten, als Ihn preisen und anbeten. Durch hohes Fieber hatte Linde leicht gefärbte Wangen, kindliches Vertrauen und Gehorsam schien Linde zu kennzeichnen. Lächelnd hat sie uns alle begrüßt. Ganz unbewußt sagte ich: Du Linde, bete für uns und alle in Japan! Wir lieben Dich von ganzem Herzen! Sie gab zu verstehen, daß sie das tun wolle.

Manche Schwerkranke wollen die Aufmerksamkeit auf sich ziehen und bedauert werden. Bei Linde war keine

Spur davon zu merken. Mir war klar: Linde schaut in das Antlitz ihres HERRN und möchte nicht von Menschen bemitleidet werden. Nach der Heimreise waren meine beiden Töchter wie verwandelt. Sie wollten im Blick auf die Ewigkeit leben und hatten plötzlich ein anderes Werturteil. Auch meine Frau und ich sahen vieles in einem anderen Licht: Jeder Tag ist wichtig als Zubereitungszeit für die Ewigkeit! Vor dem HERRN möchte ich wandeln und ein auf Ihn Wartender sein. Das Wort aus Offenbarung 19 > und sein Weib hat sich bereitgemacht <, hat sehr zu mir gesprochen. Der Herr Jesus als Bräutigam, hat uns, als Seine Braut, mit Seinem heiligen Blut erkauft. Diese Gewißheit ist die Grundlage meines Friedens. Und in diesem Bewußtsein darf ich nun meine Tage verbringen.

Melanie war eine Zeitlang im selben Zimmer wie Linde und es war ihr Anliegen, daß Melanie den Herrn Jesus wirklich kennen- und liebenlernen möge. Ihre Mutter schrieb uns: > Lindtraud hat unserer Melanie viel bedeutet. Für mich ist Lindtrauds großes Gottvertrauen zu einem unvergeßlichen Vorbild geworden. Sie hat uns allen viel gegeben! Wir werden sie nie vergessen!<

Ein Arzt sagte: >Was ist auch alle Karriere, wenn man nicht so sterben kann wie Linde.< Auch der Chefarzt Dr. Grün begrüßte mich mit den Worten: >Ich beglückwünsche sie, eine solche Tochter gehabt zu haben.<
Noch viele, viele andere zeugen davon, wie der HERR zu ihnen geredet hat. Die ganze Versammlung in Tokyo erlebte einen Aufschwung wie nie zuvor. Erst die Ewigkeit wird offenbar machen, wie Großes der HERR durch ein kleines, schwaches Gefäß wirken und ausrichten konnte! Wohl dem, der sich von Herzen auf die Ewigkeit freuen kann!

II. GOTTES WORT IST WAHRHEIT

Letzthin habe ich bei einer Familie die Lichtbilder und den Film über Lindtraud gezeigt. Der Vater des Hauses sagte: Das ist der stärkste Beweis, die Existenz Gottes zu beweisen, das schlägt ein wie eine Atombombe!

In einem anderen Stadtteil sagte eine Nachbarin zu einer unserer Schwestern: Ich habe mich entschlossen, mein Vertrauen auf diesen Jesus zu setzen, dem auch Linde vertraut hat. Linde wollte Frucht bringen für Jesus. Die eigene Gesundheit und das eigene Wohlbefinden waren Nebensache. Wenn nur der Herr Jesus verherrlicht wird, dann freue ich mich, das war ihre Einstellung. Und dieses Zeugnis bringt nun Frucht, indem Menschen verlangend werden, fragen und Jesus begegnen.

Immer wieder wurden wir gefragt: Was war es, daß Linde so freudig sterben konnte? Um diese Frage zu beantworten, wollen wir eine Andacht von Linde zu Herzen nehmen, die sie in Kirchheim vor Klassenkameradinnen am 20. November 1979 gehalten hat. Wir sehen, Linde war ein ganz normales Mädchen. Auch sie hatte ihre inneren Kämpfe und Anfechtungen.

Zunächst schrieb sie folgende Sätze auf:

WAS IST EINE PERSÖNLICHKEIT?
- Eine Persönlichkeit ist ein Mensch, der weiß, für was er lebt und für was er stirbt.
- Der ist eine Persönlichkeit, der seine Schuld einsieht und sie bekennt.
- Eine Persönlichkeit ist der, der nach der Wahrheit fragt, einer, der die Wahrheit sucht.
- Eine Persönlichkeit ist der, der von keiner menschlichen Substanz abhängig ist.
- Eine Persönlichkeit ist der, der dienen kann, ohne Dank zu erwarten.
- Eine Persönlichkeit sieht im anderen das Positive.
- Eine Persönlichkeit kann dem Tod ins Auge schauen.

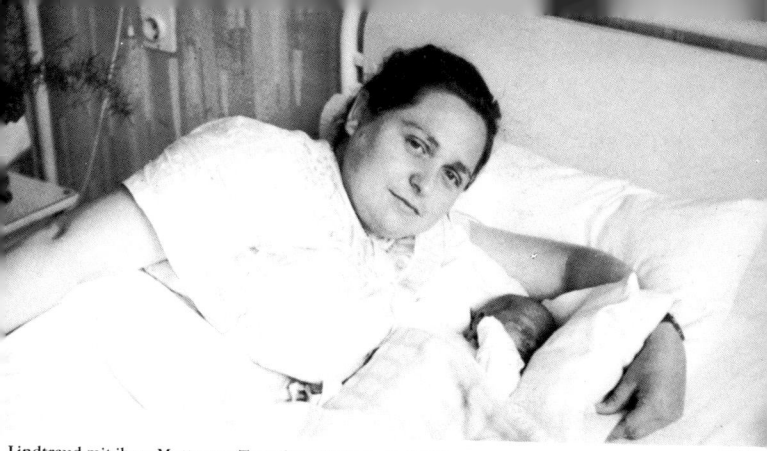

Lindtraud mit ihrer Mutter am Tage ihrer Geburt: 19.7.1960

AUS
LINDES
ALBUM

Nach Lindes Einsegnungsfeier
Linde auf den Armen von Schwester Lydia Waleska

Das Krankenhaus in Lauffen

Die einjährige Linde in Nakaminato

◄ eingeschlafen!

Auf dem Lavafeld bei Karuizawa:
Linde(links) mit Heiderose und Ursula

◄ Treu hat Schwester Lydia
an Linde gedacht

Linde an ihrem 4.Geburtstag

Die 2-Jährige am Strand in Oarai

Zusammen mit Ursula in Hakone

Als 7-Jährige in Tokyo

Diesmal in Karuizawa

In Nakaminato

Linde nach ihrer Taufe am 5.1.1975

Diesmal Mittelpunkt der Familie

im
japanischen
Kimono

Schwester Lydia hatte dies Photo auf ihrem Schreibtisch

Auf dem Bibellager in Karuizawa. Linde in der 1.Reihe als 4.von links

bei Linde gefiel es allen

an Mutters Stelle

in ihrem Element: unter Kindern zusammen mit ihren Schwestern

Das Schwesternwohnheim

Schönes Kirchheim

HERZLICHEN
GLÜCKWUNSCH
ZUM GEBURTSTAG
SCHW. ELISABETH

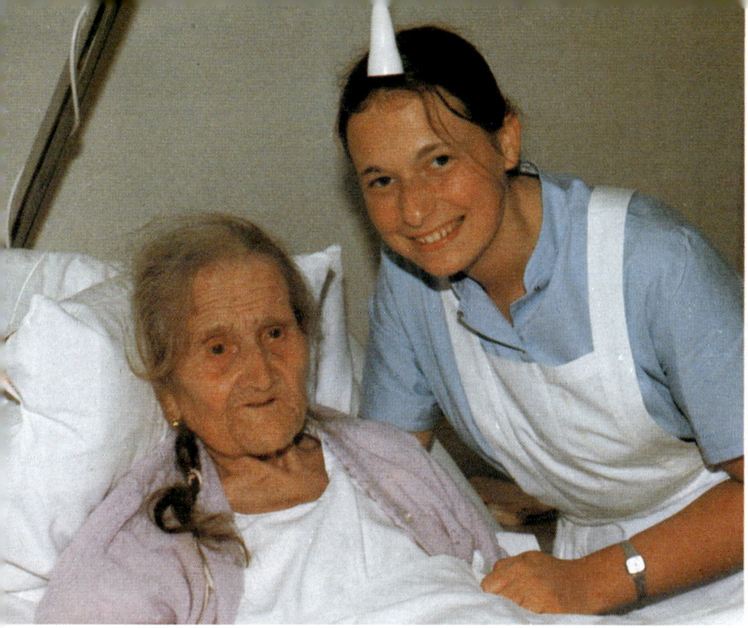

im freudigen Dienst

◄ Ein Poster, das Linde anfertigte

Trotz der Schmerzen mit Trost erfüllt

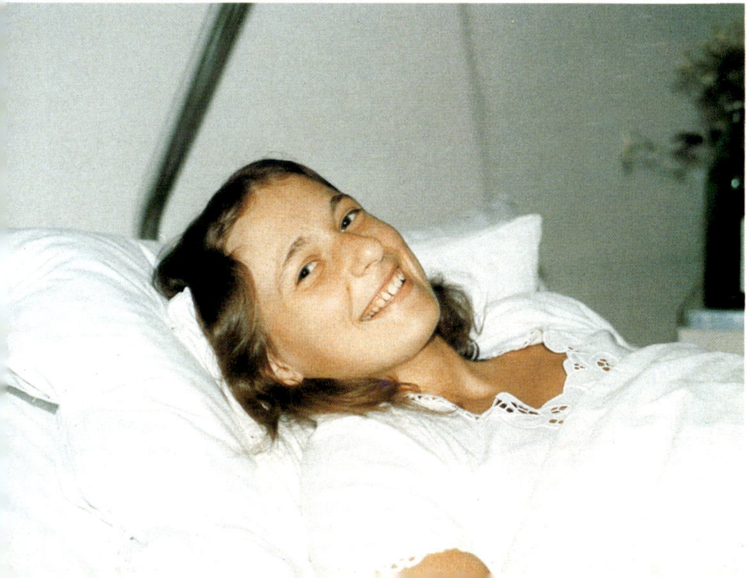

Kommet her zu mir alle, die ihr mühselig und beladen seid, so will ich euch erquicken. Matthäus 11,28

Von Linde aufgenommene Bilder.
Wie hier, fügte sie meist ein Wort Gottes hinzu.

Ist jemand in Christus, so ist er eine neue Kreatur; das Alte ist vergangen, siehe, es ist alles neu geworden! 2. Korinther 5,17

Herr Jesus, obgleich ich Dich noch nie mit meinen Augen gesehen habe, gilt Dir doch meine ganze Liebe, und Dir will ich mein volles Vertrauen schenken, obwohl ich Dich nicht persönlich vor Augen habe! Oh, mit welch unaussprechlicher, herrlicher Freude werde ich jubeln, wenn ich Dich sehen darf! Dann bin ich für ewig in Sicherheit!

Du bist die Auferstehung und das Leben. Wer an Dich glaubt, wird leben, auch wenn er stirbt; und jeder, der da lebt und an Dich glaubt, wird in Ewigkeit nicht sterben!

Das Gnadengeschenk Gottes ist ewiges Leben in der Gemeinschaft mit Jesus Christus, meinem Herrn!

Solange ich noch in diesem Leibe bin, bin ich noch nicht in meiner eigentlichen Heimat angelangt; sondern befinde mich in der Fremde, fern von dem Herrn. Ich tue hier meine Schritte im Vertrauen, und bin noch nicht zum Schauen gelangt. Aber ich bin getrost und möchte lieber diesen Leib verlassen und in meine himmlische Heimat gehen zum Herrn. Darum will ich alles dransetzen und voll Eifer sein, Jesus, meinem Herrn, wohlgefallen, bis Er kommt.

Meine Heimat und mein Ziel liegt im Himmel!

Lindes Testament

Zur Feier ihres 20. Geburtstages durfte sie kurz in ihr Zimmer zurück.

Während der Beerdigungsfeier

◄ Linde
ist
daheim

Auf dem Friedhof

Die Todesanzeige

ICH habe dich je und je geliebt,
darum habe ICH dich zu mir gezogen
aus lauter Liebe!

Wir sehen aber JESUS!

7022 Echterdingen
Kelterrainstr. 33

20 Jahre lang durften wir

UNSERE LINDTRAUD

bei uns haben. Nun ist sie uns vorausgeeilt und darf bei DEM sein, DEN sie gekannt
und geliebt hat. Sie wußte sich geborgen in IHM und war bereit, „abzuscheiden und
bei Christo zu sein, was auch weit besser ist." Wir freuen uns auf das baldige Wiedersehn.

Familie Gotthold und Minchen Beck

Die Beerdigung findet am Freitag, den 22. August 1980 um 13.30 Uhr in der Friedhofs-
kapelle in Echterdingen, Plieninger Straße, statt.

Auf Wunsch Lindtrauds soll von Kranz- und Blumenspenden zu Gunsten des Saalanbaus in Tokyo abgesehen
werden.
– Sonderkonto Saalanbau – Kreissparkasse Echterdingen 79 50 11, BLZ 611 500 23

Linde mit ihrer Melanie

1. VERSUCHUNG UND ANFECHTUNG

Ich weiß nicht mehr genau, warum ich gerade dieses Thema gewählt habe, aber irgendwie kam ich darauf, und zwar durch Lukas 4,1-13. Der Herr Jesus wurde nach seiner Taufe vom Geist in die Wüste geführt und dann 40 Tage lang vom Teufel versucht. Am Anfang fragte ich mich die ganze Zeit, wo Versuchung eigentlich herkommt, ob von Gott oder von Satan, und wie ich darin mir Hilfe aneignen kann. Eigentlich ist die Versuchung der gefährliche und entscheidungsvolle Augenblick, in dem uns ein falscher Weg naheliegt und verlockend erscheint. Manchmal wurde ich schon eine Zeitlang vollständig irregeführt, und ich wußte nicht, ob es sich bei der Anfechtung um etwas Gutes oder um etwas Schlechtes handelte. Selbst der Herr Jesus mußte durch Versuchungen gehen. Die Versuchung ist nicht etwas, dem wir entrinnen können, sondern sie gehört zum Leben eines Menschen. Ich glaube auch nicht, daß unter uns jemand ist, der noch keiner Versuchung begegnet ist.

Ich habe mein Thema in 5 Punkte aufgeteilt:
1.- Mißtrauen von unserer Seite her.
   Mißtrauen gegen Gott,
   das seine Macht auf die Probe stellt.
   Mißtrauen, Gott versuchen, ist Sünde.
2.- Gott selbst stellt uns auf die Probe zur Bewährung.
3.- Versuchung zum Bösen durch Satan, aber unter der Zulassung Gottes.
4.- Der Helfer in den Versuchungen.
5.- Wie ich mir die Hilfe zu eigen mache.

Zum 1. Punkt: Mißtrauen gegen Gott, das seine Macht in Frage stellt

Davon ist z.B. in 1.Korinther 10,9 die Rede: >>Laßt uns auch den Christus nicht versuchen, wie einige von ihnen ihn versuchten und von den Schlangen umgebracht wurden.<< Wenn der HERR nicht sofort eingreift und hilft, ist der Mensch gleich dabei, ihm den Abschied zu geben. In solchen Situationen fällt es dem Menschen schwer, den eigenen Willen dem Willen Gottes unterzuordnen. Mit anderen Worten ausgedrückt: Wir wollen selbst herrschen. Und das ist das Dümmste, was man überhaupt machen kann. Gott, der HERR, brauchte uns eigentlich gar nicht. Er hat uns nur aus lauter Liebe und Gnade zu sich gezogen. Alles können wir vom HERRN erwarten. Doch wehe, wenn wir anfangen, ihm vorschreiben zu wollen, was er nun zu tun habe. Wir wollen ihn auch nie und nimmer kommandieren oder ihm gebieten. Das ist ein falscher Geist. Sobald ich anfange, mich selbst zu führen und damit zu quälen, bereite ich mir selbst Anfechtungen. Schmerz, Furcht, Ärger oder Lust sind oft Quellen der Anfechtung. Gerade bei diesen Punkten kann ich nur warnen und ermutigen, daß wir diese Gefahren immer wieder im Gebet vor den Herrn Jesus bringen und er uns doch bewahren möge. Bevor ich diese Dinge erwähnen wollte, habe ich den Herrn Jesus gebeten: Er solle es doch machen, daß ich mich wirklich in alles, was ich sage, erst hineindenke und zu verstehen lerne. Und der Herr Jesus hat mehr geschenkt. Er ließ mich ganz einfach alles erleben. Hätte ich dies im Voraus gewußt, hätte ich wohl nicht darum gebeten. Aber gerade in letzter Zeit durfte ich Jesus so hautnah erleben, daß es mir eine Wonne ist, ihm zu gehören!

Immer wieder denke ich daran, was wohl gewesen wäre, wenn der Herr Jesus in Gethsemane gesagt hätte 'Ich komme doch nicht durch!' und so Gottes Macht in Frage gestellt worden wäre. Die Seele in Anfechtung wird nicht sagen 'Ich will einfach nicht', sondern sie wird bekennen müssen: 'Ich halte nicht durch!'

Das war mein Erleben in der Zeit vor der Zwischenprüfung. Mir schien der Weg in Kirchheim zu schwer und das gesteckte Ziel unerreichbar. Wie oft dachte ich: 'Das schaffe ich doch nicht', obwohl ich wie verrückt gelernt hatte. Der Herr Jesus mußte mich erst soweit bringen, daß mir die Augen aufgingen, um zu sehen, daß ihm alle Gewalt und Macht gegeben ist. Damals war ich so enttäuscht und deprimiert über mich selbst, daß ich praktisch vor der Wahl stand: Entweder ich höre in Kirchheim auf, oder aber ich vertraue Jesus. Ich hatte ihm mißtraut. Heute kann ich sagen: Es ist einfach wunderbar, daß wir einen Gott haben, der vergibt!

Und der Herr Jesus in seiner großen Gnade steht trotz allem noch mit offenen Armen da und wartet, bis ich endlich begreife. Daran habe ich gemerkt, wie der Mensch in eigener Kraft zwar Gottes Gnade und Gottes Gaben nicht erzwingen oder verdienen, wohl aber sie verderben und den Segen zunichte machen kann.

Gott versuchen heißt: Gottes Macht nicht erkennen und seinen Heils- und Liebeswillen nicht ernstnehmen. Resultat ist Zweifel, Unglaube und Ungehorsam. Wer mit Vorwürfen und Forderungen zu Gott kommt, anstatt vertrauend, ergeben und anbetend, versucht Gott. An seiner Nähe zweifeln, ist Sünde. An seiner vollkommenen Liebe zweifeln, ist Sünde. Ihm nicht das ganze Leben anvertrauen, ist Sünde.

Wie traurig muß der HERR sein, wenn wir ihm nicht unser ganzes Vertrauen schenken. Wie können wir ihn ehren? Indem wir ihm rückhaltlos vertrauen.

Zum 2. Punkt: Gott selbst stellt uns auf die Probe zur Bewährung

5. Mose 13,4: >>Denn der HERR, euer Gott, prüft euch, um zu erkennen, ob ihr den HERRN, euren Gott, mit eurem Herzen und mit eurer ganzen Seele liebt. Dem HERRN, eurem Gott, sollt ihr nachfolgen, und ihn sollt ihr fürchten.<< Bei dieser Art von Versuchung geht es um unser Verhältnis zu Gott. Ziel dabei ist Bewährung und Vertiefung des Glaubens und nicht Gefährdung oder gar Zerstörung des Glaubens. Wenn der Glaube den Herrn ehren soll, muß er echt sein. Deshalb prüft uns Gott.

Und es gibt einfach so viel, was uns von unserem Glauben weglocken will. Gerade weil unser Glaube sich oft vermischt mit unlauteren Beimengungen, darum muß Gott gerade das Leiden als Prüfung des Glaubens vornehmen. Wirklicher Glaube aber sieht zugleich den HERRN in seiner Treue über allem und ruht wie ein Kind im Mutterschoß. Wer sich auf Gottes Zusagen verläßt, erfährt Gottes Treue, die es fertigbringt, daß wir am Tag unseres Herrn Jesus untadelig dastehen dürfen.

Mir wurde da ganz klar, daß uns daher nur eines vor dem Fallen bewahren kann: Nämlich nicht das Sehen auf uns selbst, auch nicht das Sichzusammenreißen oder der eigene gute Vorsatz, sondern nur das Wegschauen von sich selbst und der bewußte Blick auf die Treue Gottes.

Aus diesem Grund sollte ein Jünger Jesu alle Anfechtungen, in die Gott ihn führt, nicht zu umgehen versuchen, sondern sie als Gelegenheit **begrüßen**, durch den Glauben den HERRN zu verherrlichen und durch Geduld für den inneren Menschen zu gewinnen. Gerade bei den Versuchungen, die mir begegneten, hat der Herr Jesus gezeigt, wer ich wirklich bin. Ob ich im HERRN die Kraft habe, zu widerstehen, oder ob mein Christsein nur ein frommer Schein war. Wenn Schwierigkeiten kommen, dann zu versagen, das liegt uns sehr nahe. Ich habe es erfahren, daß mir gerade in diesen Zeiten der Herr Jesus ganz besonders nahe und real wurde. Ich bin überzeugt, daß wir durch Anfechtungen erst recht lernen, in Gott zu wurzeln und uns fester an ihn zu klammern. Der HERR kann uns Schweres oder Notvolles verordnen, um uns vom Bösen zu lösen oder uns vor dem Bösen zu bewahren. Eines darf ich wissen: Der HERR überfordert mich nie. Dazu 1.Korinther 10,13: >>Keine Versuchung hat euch ergriffen, als nur eine menschliche; Gott aber ist treu, der nicht zulassen wird, daß ihr über euer Vermögen versucht werdet, sondern mit der Versuchung auch den Ausgang schaffen wird, so daß ihr sie ertragen könnt.<<

Ich finde das ganz große Spitze: Während es bei den menschlichen Prüfungen doch so ist, daß jeder die gleichen Aufgaben erhält, ist es hier ein Zeichen der Barmherzigkeit Gottes, daß jeder eine ihm angemessene Aufgabe gestellt bekommt. Er hilft in der Not und wenn seine Stunde gekommen ist, auch aus der Not.

Wie deine Lebensumstände auch sein mögen, versuche nie, dich gegen Dinge aufzulehnen, die Gott in dein Leben bringt. Das Wohlgefallen Gottes ruht auf uns, wenn wir das, was uns verordnet ist, als Kinder Gottes unserem Vater zuliebe ertragen. Es ist also wichtig, nicht aus den vielgestaltigen Bewährungsproben Gottes ausbrechen zu wollen, sondern ihm zuliebe und zu seiner Verherrlichung darin auszuhalten.

Bei **Punkt 3** handelt es sich um die **Versuchung zum Bösen, doch unter der Zulassung Gottes.**
Hier ist Satan selbst am Werk, um mitten unter den Gläubigen seine Macht zu zeigen und einen Angriff gegen Gott zu führen. Satan will uns mit seinen Versuchungen nicht nur dazu verleiten, Unrecht zu tun. Er will auch erreichen, daß wir wieder verlieren, was Gott durch die Wiedergeburt in uns gelegt hat. Nämlich die Möglichkeit, für Gott von Nutzen zu sein. Satan versucht alles, uns untüchtig zum Dienst zu machen. Darum steht fest: Je näher wir beim Herrn Jesus leben, desto weniger harmlos wird unser Leben für den Feind.
Jeder Mensch hat seine besondere Art von Versuchung und wird nach seiner Veranlagung verschieden versucht. Der Teufel weiß ganz genau, wo wir am schwächsten sind. Und da greift er uns unerbittlich an. Zum Beispiel wenn wir einsam sind, wenn uns eine Not quält und Schmerzen uns bedrücken wollen, oder aber wir gesegnet werden, dann ist Satan zur Stelle. Dienst für den HERRN führt in Kampf und Anfechtung. Nicht etwa, weil der Dienst fehlerhaft wäre, sondern gerade, wenn wir ihn lauter und liebevoll ausrichten, werden wir Satans Wut erleben. Jesu Leben war eine fortgesetzte Versuchung. Wie trat unser HERR der Versuchung entgegen? Satan wurde überwunden durch das Wort, durch Gottes Zusagen und Verheißungen.
Ich muß da immer wieder an Schwester Elisabeth denken. Sie sagte, daß immer, wenn sie anfängt zu beten, das Telefon klingelt.

Eigentlich sollte sich jeder Gläubige freuen, wenn Satan Interesse an ihm hat. Denn Satan sucht ja nur solche aus, dies es ernst meinen. Die anderen schaden ihm nicht. So war es auch bei Hiob.

Satan erbittet sich Menschen, die er versuchen darf. Ziel Satans ist es, uns zu Fall zu bringen. Ziel Gottes aber ist, uns näher zu sich zu ziehen durch solches Geprüftwerden. Doch ausschlaggebend sind nicht die Versuchungen, die wir durchleben müssen, sondern die Entscheidungen, die wir treffen. Der HERR selbst bestimmt Maß und Grenze der Prüfungen. Auch wenn er sie zuläßt, so dienen sie, wenn sich der Glaube bewährt, zur Ehre Gottes.

Satans Absicht ist irrezuführen. Doch in allem gibt der HERR die Zügel nicht aus der Hand. Er versucht nicht zum Bösen. Er will nicht, daß wir durch Prüfungen zu Fall kommen. Der HERR versucht uns nicht zum Bösen; er sucht uns nicht ins Böse hineinzuziehen, sondern dann stünde er selbst auf der Seite des Bösen. Unser HERR ist unversuchbar, unantastbar für das Böse. Er ist das reinste Licht. So kann er von seinem Wesen her niemanden hinters Licht führen oder ins Dunkel hineinziehen.

Das klare Rechnen mit der Notwendigkeit von Bedrängnissen nimmt uns nichts von ihrer Schwere, wenn sie dann wirklich da sind. Wir werden auch nicht selbstverständlich mit den Versuchungen fertig, sondern stehen in der Gefahr, dem Druck, zumal dem langanhaltenden, zu erliegen und wankend zu werden.

Nur wer auf das jetzt noch Unsichtbare sieht, auf das neue Leben und das herrliche Erbe, der schätzt die bedrückenden Prüfungen dieser Zeit richtig ein.

Doch ich darf jederzeit bitten, daß der HERR mir den Sieg gibt, wenn der Feind mich antastet, mich quält oder mir bange macht.

Wer sein Leben selbst bestimmen will, kommt innerlich nicht vorwärts. Wer nicht Gottes Willen allein will, kann kein Segen für seine Umgebung sein.

Punkt 4: Der Helfer in den Versuchungen
Hebräer 2,18: >>Denn worin er selbst gelitten hat, als er

versucht worden ist, kann er denen helfen, die versucht werden.<< Ich weiß, daß der Herr Jesus im Leiden und im Sterben durch eine tiefe Versuchung gegangen ist, wie sie nie ein Mensch, vor oder nach ihm, durchlitten hat.

Das finde ich gerade so groß, daß der Herr Jesus menschliche Schwäche erlebt hat, aber nie erlag. In jeder Lage dürfen auch wir uns an den allmächtigen Gott wenden. Doch können wir ihm nicht den Zeitpunkt seiner Hilfe vorschreiben. Das bleibt ihm allein vorbehalten. Sein Wort verspricht uns aber, daß Gott immer zur rechten Zeit eingreift und hilft. Wir brauchen uns kein bißchen zu sorgen, denn es geht nicht um eine menschliche Sache, die man in eigener Kraft durchstehen muß. Es geht um Gottes Sache, die er selbst zum herrlichen Ziel führt.

Keiner von uns, auch wenn er es noch so gut meint, hat die Kraft, von sich aus Versuchungen zu überwinden.

Ich weiß, daß in allem, was mir begegnet, ich nicht auf zwei Machthaber, den allmächtigen Gott und seinen Widersacher, den Teufel, zu schauen habe, sondern nur auf den Herrn Jesus ganz allein. Denn auch der Herr Jesus hat zur Zeit seines Erdenlebens ganz allein mit Gott, seinem Vater, gerechnet und den Sieg erlebt. Jesus, der Sieger, will auch uns den Sieg schenken. Er kann! 2.Petrus 2,9: >>Der Herr weiß die Gottseligen aus der Versuchung zu retten!<<

Der letzte und 5. Punkt: Wie ich mir Hilfe in den Versuchungen aneigne.

Wenn ein Jünger Jesu in seinem Glaubenskampf sich heiligt, d.h. sich dem HERRN zur Verfügung stellt und damit sich selbst aufgibt, und der HERR mehr und mehr Raum in ihm gewinnt, dann wird ihm nie ein Friede versprochen, wo der Feind am Boden liegt und Waffenstillstand herrscht. Nie wird der Gläubige in seinem Glaubensleben davor bewahrt bleiben, auch einmal etwas einstecken zu müssen. Jeden treffen mal Schläge. Doch in solchen Stunden dürfen wir uns dessen vergewissern, daß wir Erlöste sind: Errettet aus der Macht der Sünde, des

Todes und des Teufels. Klar sagt die Schrift: Dein Heil steht allein bei mir, spricht der HERR!

1.Petrus 5,8: >>Seid nüchtern, wacht! Euer Widersacher, der Teufel, geht umher wie ein brüllender Löwe und sucht, wen er verschlingen könne. Dem widersteht standhaft durch den Glauben.<<

Umhergehen bedeutet: Von außen her versuchen, anzugreifen. Herein wagt sich Satan nicht. Er kann nur darauf warten, bis sich jemand vom Herrn distanziert. Der Sieg ist nur gesichert, wenn wir glauben, d.h. mit ihm verbunden sind. Epheser 6,16: >>Bei alledem ergreift den Schild des Glaubens, mit dem ihr alle feurigen Pfeile des Bösen auslöschen könnt.<< Matthäus 26,41: >>Wacht und betet, damit ihr nicht in Versuchung kommt!<< Wo wir zum Herrn Jesus eilen, uns hilfesuchend an ihn wenden, kann Satan uns nicht mehr verfolgen, er hat keine Angriffsfläche, er muß gehen!

Beten heißt ja, in Gemeinschaft mit unserem HERRN stehen. Und wo wir in dieser Gemeinschaft gegründet sind und aus seinen Quellen Kräfte schöpfen, vermögen wir durchzuhalten und auch unter den Lasten zu bleiben, bis zum Ziel. Ein wichtiger Punkt ist, daß ich mich Gott ganz unterwerfe. Wo ein Mensch anfängt, Gott untertan zu sein, da sieht der Teufel seine Herrschaft gefährdet. Es gilt, zu wachen und Gottes ganze Waffenrüstung anzulegen. Wenn ich in meiner eigenen Rüstung dastehen würde, nützte die größte Wachsamkeit und alle noch so gute Vorbereitung nichts. Bestehen kann man nur in Gottes Rüstung. Jeder Gläubige steht der Übermacht des Teufels gegenüber. Der Feind kommt unerwartet und plötzlich. Der Glaubenskämpfer muß die Waffen durch den täglichen Gebrauch kennen. Er muß immer in Alarmbereitschaft sein.

Aber eines ist klar: Der Gläubige kann nur durch Gottes Gnade den furchtbaren Anläufen Satans standhalten. In meinem Leben steht die Ehre Gottes auf dem Spiel. Entweder wird der Herr Jesus durch mich geehrt, oder verunehrt. Der Glaubende ist auf den HERRN geworfen. Ohne Jesus ist nichts auszurichten. Wer die eigene

Ohnmacht kennt, flieht zum HERRN und wird bewahrt.

Ist Gott für uns ... (Römer 8,31). Solange wir fragen, ob wohl Menschen und Mächte dieser Welt >>für uns<< sind, leben wir in angstvollem Schwanken. Erst wenn alles anderes schwindet vor ihm, dem Allmächtigen, und die Frage, wie dieser Allmächtige zu uns steht, unsere einzige Sorge wird, erst dann gewinnen wir den Standort, auf dem das >>Übersiegen<<, das ganze, vollständige Siegen möglich wird.

Ist Gott für uns, wer mag wider uns sein!

Nur wer weiß: Gott ist für mich, kann sich freuen, kann hoffen, kann getrost in die Zukunft blicken. Ein Name, der unserem Herrn Jesus auch gegeben wurde, heißt Immanuel, d.h. Gott ist mit uns. Wer dem Herrn Jesus seine Schuld und Sünde bekannt hat und im Glauben die Vergebung annahm und dafür dankte, der darf wissen: Ich bin in Jesus angenommen, Gott ist für mich. Es mag kommen, was da will, ich bin ewig in Sicherheit!

Was Lindtraud durch die Andacht ihren Klassenkameradinnen weitergab, war sicher nur zum Teil selbst erlebt. Manches war noch Theorie. Doch sie war von der Wahrheit des Wortes Gottes überzeugt und vertraute ihrem HERRN.

Als dann ganz große Versuchungen und Anfechtungen kamen durch das Wissen: Ich bin unheilbar krank, erlebt sie:

1.- Ich darf dem Herrn Jesus vertrauen, ich kann ihm vertrauen. Er enttäuscht nie!

2.- Der Herr Jesus meint es nur gut mit mir, auch mit der Krankheit.

3.- Satan wurde am Kreuz besiegt. Wenn ich kindlich vertraue, hat er keine Macht.

4.- Wie auch meine Situation sein mag: Jesus ist mir nahe. Ich bin geborgen!

5.- Die Waffenrüstung Gottes ist ausreichend, reicht aus zur Bewahrung.

Das alles hat Linde buchstäblich erleben dürfen.

Judas 24-25: >>Dem aber, der euch ohne Straucheln zu bewahren und vor seine Herrlichkeit tadellos mit Frohlocken hinzustellen vermag, dem alleinigen Gott, unserem Heiland durch Jesus Christus, unseren Herrn, sei Herrlichkeit, Majestät, Gewalt und Macht vor aller Zeit und jetzt und in alle Ewigkeit! Amen.<<

2. HAST DU MICH LIEB?

Von Linde sind nur zwei Botschaften da, die sie Wort für Wort ausgearbeitet und sauber aufgeschrieben hat. Das Thema der einen ist: **Versuchung und Anfechtung**, das Thema der anderen: Liebst du mich?

Durch Versuchung und Anfechtung geriet ihr Glaube nicht ins Wanken, sondern sie lernte dadurch den Herrn Jesus besser kennen. Und je besser wir Jesus kennenlernen, desto mehr müssen wir ihn lieben.

Lindtraud hat den Herrn Jesus erfahren als den Sündenvergeber und Befreier. Weil sie Jesus erfahren hat, deshalb kannte sie ihn. Und weil sie ihn kennengelernt hat, konnte sie nicht anders, als ihn liebhaben. Und aus Liebe zu ihm wollte sie mit ihrem ganzen Leben ihm dienen.

Es wird gesagt: Im Alter komme zum Vorschein, was im Menschen ist. Was viele Jahre hindurch unter Selbstdisziplin verborgen war, komme nun im Alter kraß ans Tageslicht und oft sei es schwer, mit alten Menschen zusammenzuleben. Noch bestimmter aber kann man sagen, daß angesichts des Todes offenbar wird, was im Menschen ist, ob er inneren Halt hat, oder nicht; ob er in eine ungewisse Zukunft geht, oder ob er sich freut in der Gewißheit: Ich werde in alle Ewigkeit bei Jesus sein.

In Hebräer 13,7b lesen wir: >>Den Ausgang ihres Wandels schaut an und ahmt ihren Glauben nach!<< Es ist Gottes Wille, daß wir den Ausgang von Lindtrauds Wandel anschauen, d.h. daß wir sehen, wie sie die Tatsache aufnahm: Ich bin ein Todeskandidat, ich bin radikal verkrebst und sicherlich werde ich bald durch das finstere Tal des Todes gehen müssen. Lindes Haltung war wie folgt:

2.Korinther 4,16 - 5,2: >>Deshalb ermatten wir nicht, sondern wenn auch unser äußerer Mensch aufgerieben wird, so wird doch der innere Tag für Tag erneuert. Denn das schnell vorübergehende Leichte der Drangsal bewirkt uns ein über die Maßen überreiches, ewiges Gewicht von Herrlichkeit, da wir nicht das Sichtbare anschauen, sondern das Unsichtbare; denn das Sichtbare ist zeitlich, das Unsichtbare aber ewig. Denn wir wissen, daß, wenn unser irdisches Zelthaus zerstört wird, wir einen Bau von Gott haben, ein nicht mit Händen gemachtes, ewiges Haus in den Himmeln. Denn in diesem freilich seufzen wir und sehnen uns danach, mit unserer Behausung aus dem Himmel überkleidet zu werden.<<

Zu der **zweiten Botschaft,** die sie einige Monate vor ihrem Tod den Klassenkameradinnen gab, stehen einige Stichworte:

- Durch die Liebe zu Jesus sind wir Menschen des Friedens, die Frieden haben mit Gott und Frieden halten. Jesus selbst ist unser Friede.
- Die Liebe bewirkt Langmut, das ist Geduld mit den Schwierigkeiten des anderen, die sie zu tragen fähig und bereit ist.
- Die Liebe Jesu zeigt sich als Freundlichkeit und Güte im Umgang mit den Nächsten, und wären es die Widersacher.
- Die wahre Liebe hält Treue, weil sie selbst aus der Treue Gottes entspringt, der sich nicht verleugnen kann.
- Die Liebe, die der Geist bewirkt, hat Jesu Art an sich und verleugnet daher nicht seine Sanftmut, weil er sich nicht reizen oder erbittern ließ.

Johannes 21,15-17 war das Wort, von dem Linde ausging. Auf vier Punkte wies sie hin:

1.- Hast du mich lieb?
2.- Die Liebe wird ausgegossen in die Herzen derer, die Jesus als Heiland annehmen.
3.- Die Glaubenden sind Kanäle, die die Liebe Jesu weitergeben.
4.- Weide meine Schafe.

1. Hast du mich lieb?

Diese Frage stellt der Herr Jesus dem Petrus nicht bei dessen Berufung, sondern nachdem er ihn verleugnet hatte. In Lukas 14,71 lesen wir, daß Petrus sogar schwor: >>Ich kenne diesen Menschen nicht.<<

Ganz konkret wurde Petrus nach seiner Liebe zum Herrn Jesus gefragt. Er muß der Gegenstand unserer Liebe sein. Natürlich wußte der HERR, daß sein Jünger nach der Verleugnung tief bekümmert sein mußte. Die an ihn gestellte Frage muß Petrus unheimlich geschmerzt haben.

Doch auch dem HERRN selbst wurde großer Schmerz zugeführt durch diese Verleugnung, und ich glaube, daß die Frage nur gestellt wurde, um Petrus zu zeigen, was er Jesus angetan hat.

Die Frage durchdringt Petrus so tief, daß er keinerlei Täuschung erliegt. Es bestand für Petrus keine Möglichkeit, der Frage des HERRN gegenüber auszuweichen. Mit welcher Geduld, Bestimmtheit und Geschicklichkeit ging der HERR mit Petrus um. Der Herr Jesus stellt nie Fragen, ehe die rechte Zeit dafür gekommen ist.

Auch bei mir wählte er die richtige Zeit, als er mit dieser Frage zu mir kam, mich aus der Menge herausnahm, und mich ernst fragte: Liebst du mich? Er fragte mich, ob ich ihn liebe. Er hat das Bedürfnis, daß ich ihn liebe. Er will meine Liebe. Auch ich empfand tiefen Schmerz bei dieser Frage. Der Schmerz, den ich empfand, löschte alle anderen Sorgen aus. Ich liebte ihn zu wenig und ich wollte ihn mehr lieben. Ich wollte es sagen, daß ich Jesus über alles liebe. Was der Herr Jesus in diesem Augenblick von mir wollte, das war Zerbruch. Er wollte, daß ich erkenne, daß in meinem Fleisch nichts Gutes wohnt, daß ich von morgens bis abends ein völlig egoistisches Leben führe. Und doch wußte ich, daß ich Jesus ergeben sein sollte. Ich begann zu merken, wie wichtig diese Frage ist.

Ist meine Liebe zu Jesus der Anker, der in allen Bedrängnissen hält?

Die Liebe ist rein. Sie läßt nichts Trennendes zwischen mir und dem Herrn Jesus zu. Die Liebe läßt den Herrn

Jesus in uns groß und alles andere klein werden. Sie sieht die großen Möglichkeiten mit Jesus und nicht das Gewicht der Probleme. Liebe zum HERRN, darum geht es. Das muß unser Hauptanliegen sein.

Habe ich jemals etwas für meinen Jesus getan, das nicht meinem Pflichtgefühl, der Nützlichkeit und Notwendigkeit entsprach, sondern einzig und allein begründet war in der Tatsache, daß ich Jesus liebe? Wenn man jemanden sehr lieb hat, vergißt man ihn nicht. Es ist ein stilles, klares Leuchten im Hintergrund all unseres Tuns. So sollen wir Jesus lieben! Darum muß die Liebe zu Jesus die Hauptsache unseres Lebens sein. Denn in 1.Korinther 16,22 steht: >>Wenn jemand den Herrn Jesus nicht liebhat, der sei verflucht.<< Wer seine Erscheinung liebt, wird den Siegeskranz der Gerechtigkeit empfangen, so lesen wir in 2.Timotheus 4,8. Wer den Herrn Jesus nicht liebt, kann auch sein Erscheinen nicht lieben und geht an der Krönung vorbei. Die Liebe zum Herrn Jesus schafft Freimut für den Tag des Gerichts. Die Liebe braucht die Strafe nicht zu fürchten, sondern freut sich auf den Lohn: Ihn, den Herrn Jesus, sehen und immer bei ihm sein dürfen. Petrus konnte von seiner selbstsicheren und selbstsüchtigen Art nur befreit werden durch Beugung und Umkehr hindurch zur Liebe hin.

Weshalb fällt es uns manchmal so schwer, unseren Besitz aufzugeben? Der Grund dafür ist, daß unsere Verbindung zum Herrn Jesus nicht in Ordnung ist. In Matthäus 19,21-22 steht die Geschichte vom reichen Jüngling. Er liebte seinen Besitz mehr als Jesus. Wir müssen ihn von ganzem Herzen lieben und es wird unsere größte Freude sein, alles, was wir haben, ihm zu Füßen zu legen.

Ihn liebhaben, das ist Kennzeichen derer, die ihm folgen. Ich bin überzeugt, daß jeder, der noch nicht gelernt hat, den HERRN zu lieben und über allem und vor allem nach ihm zu trachten, zu bemitleiden ist. Denn er versagt sich den Segen, der allen zuteil wird, die ihn lieben. Dreimal wurde Petrus gefragt. Beim dritten Mal wird Petrus traurig.

Auch ich wurde so lange gefragt, bis ich traurig wurde

und tiefen Schmerz empfand für das, was er für mich am Kreuz getan hat. Er fragte so lange, bis ich die Antwort eines Petrus geben konnte: >>HERR, du weißt alle Dinge, du weißt, daß ich dich lieb habe.<<

Du, Herr Jesus, kannst ja in mein Herz sehen und darum brauche ich dir eigentlich gar nichts zu sagen.

Ich liebe ihn, denn er hat mich zuerst geliebt. (1.Johannes 4,19) Ich muß ihn liebhaben, weil ich nach seinem Tod am Kreuz und seiner Auferstehung und seinem unbegreiflichen Vergeben und Lieben nicht von ihm loskann! Jesus fragt auch uns: Liebst du mich? Läßt uns diese Frage kalt, gleichgültig? Das wäre der Beweis, daß wir ihn nicht kennen. Wenn diese Frage uns trifft und in Buße führt, werden wir ihn erkennen.

2. Die Liebe Gottes wird ausgegossen in die Herzen derer, die Jesus als Heiland annehmen

Dazu Römer 5,5: >>Denn die Liebe Gottes ist ausgegossen in unsere Herzen durch den Heiligen Geist, der uns gegeben worden ist.<< Wenn wir den Heiligen Geist empfangen, vereint er uns mit Gott, so daß seine Liebe in uns offenbar wird. Es gibt keine Bekehrung, bei der Gott nicht den Samen der Liebe ins Herz legt, wie klein er am Anfang auch sein mag. Liebe zu Jesus ist nur echt, als Antwort auf die nie zu begreifende Liebe Gottes, die wir erfuhren.

Liebe kann man nicht lernen. Nur der HERR selbst kann uns Liebe erkennen und erleben lassen. In einem Lied heißt es: 'Wer von der Liebe weiß, der kann vom Kreuz nicht schweigen'. Nur am Kreuz Jesu kann man erkennen, was wirklich Liebe ist.

Petrus hat diese Liebe an Jesus in seinem Leben und Sterben gesehen. Er erfährt diese rettende Liebe nun an sich selbst, als der Herr Jesus ihm diese Frage stellt. Es wird offenbar, daß in Petrus wirklich etwas Entscheidendes geschehen ist. Jesus und die Liebe zu ihm erfüllen sein Herz. Er kann mit einem 'JA' antworten. Er hat die in Jesus wurzelnde, von Jesus entzündete Liebe erfahren. Diese Liebe ist die größte Macht. Und ihn lieben dürfen, ist das größte Vorrecht.

Gottes Liebe, ausgegossen in unsere Herzen, will nichts für sich, sondern gibt und opfert. Und dies für Unwerte, Schuldige, Feinde, für solche, die nichts zurückzugeben vermögen. Je mehr wir ihn aber anbetend betrachten und seine Liebe im Blickfeld haben, desto mehr wird unser Herz entzündet zu dankbarer Gegenliebe, und desto leichter fällt es uns, ihm in allen Situationen rückhaltlos zu vertrauen. Wenn sein Geist uns beherrscht, können wir mit seiner Liebe lieben.

3. Die Glaubenden sind Kanäle, die die Liebe Jesu weitergeben.

Wir sollen Kanäle für Jesus sein, durch die er seine Liebe hindurchströmen lassen kann. Viele wollen immer aufnehmen und nichts weitergeben. Sie sind nicht richtig mit Jesus verbunden. Wer empfängt, wird zum Kanal.

Ich bin dazu berufen, in vollkommener Verbundenheit mit Jesus zu leben, damit mein Leben auch in anderen Menschen Sehnsucht nach Gott hervorrufen kann. Verbundensein mit Jesus macht frei. Liebe zu Jesus bewirkt Einsatz aller Kräfte und Möglichkeiten für unseren HERRN. Diese Liebe hält nichts für Unmöglich. Sie hofft und versucht alles, um Verlorene für den Herrn Jesus zu gewinnen. Wenn wir uns nicht mit dieser Liebe füllen lassen und sie weitergeben, kann die Welt niemals evangelisiert werden. Triebfeder allen Handelns muß seine Liebe sein. Doch wie selten sind solche, die wirklich seine Liebe ausstrahlen!

Liebe zu Jesus ist das Kennzeichen dafür, daß ich ein Kind Gottes bin. Der HERR hält einen unerschöpflichen Vorrat von seiner übernatürlichen Liebe für uns bereit. Sie steht uns zur Verfügung zur Weitergabe an andere. Um diese Liebe erfahren und weitergeben zu können, müssen wir sie durch den Glauben in Anspruch nehmen.

Epheser 5,2: >>Wandelt in Liebe!<< Gemeint ist nicht, daß der Gläubige ab und zu sich des göttlichen Liebesgebotes entsinnt, also ein Gelegenheitsliebender ist. Er soll in der Liebe wandeln. Lieben soll Bestandteil seines eigenen Wesens sein. Wenn wir nur wagen würden, weg von uns, hin auf ihn zu schauen, unser Leben würde Liebe ausstrahlen!

4. Weide meine Schafe!

Der Herr Jesus weiß nun, daß Petrus ihn liebhat, und sagt: Gib es weiter! Im Dienst an anderen soll diese Liebe realisiert werden. Seine Schafe, die so sehr der Liebe bedürfen, sollen nun diese Liebe erfahren.

(a) Die Schuldigkeit der Liebe

Römer 13,8: >>Seid niemand irgend etwas schuldig, als nur einander zu lieben.<< Einander zu lieben, ist nicht eine einmalige Angelegenheit. Nie wird die Liebe sagen: Ich habe genug geliebt, ich tat alles für dich was ich tun konnte, nun ist ausgeliebt. Seine Liebe ist unendlich, unerschöpflich. Auch unsere Liebe darf noch viel mehr überströmen!

Ich finde das herrlich, daß wir uns immer mehr von ihm lieben lassen dürfen und seine Liebe weitergeben können!

1.Korinther 13,8: >>Die Liebe vergeht niemals!<< Ohne Aufhören zu lieben, darum geht es. Mit dem Lieben kommen wir nie zu Ende. Es ist sein Wille, daß wir andere lieben. Wenn der HERR gebietet, gibt er den Menschen gleichzeitig die Möglichkeit, dem Gebot zu entsprechen. Als von ihm Geliebte können wir andere wiederum lieben. Den Herrn Jesus lieben und für den anderen dasein, das bedeutet größte Freude und Lebenserfüllung. Die rechte Beziehung zu Gott ist die Voraussetzung für eine rechte Beziehung zu unseren Mitmenschen.

Echte Liebe wurde in dem Tragen, Ringen, Leiden und Sterben unseres HERRN offenbar. Nicht unser Lieben steht am Anfang, es ist sein Lieben.

Johannes 13,34-35: >>Gleichwie ich euch geliebt habe, auch ihr einander liebt. Daran werden alle erkennen, daß ihr meine Jünger seid, wenn ihr Liebe untereinander habt.<< Wenn ich irgendeine Schwester auf der Station nicht liebe, dann ist etwas in meinem geistlichen Leben nicht in Ordnung. Die Patienten würden dann nicht erkennen, daß wir Jesu Jünger sind! Liebe untereinander bewirkt Frucht.

Leben wir nicht in einer Gemeinschaft, in der wirklich geliebt, getragen, vergeben, geholfen und zurechtgebracht wird, dann ist alles kraftlos! Ich muß meine Liebe prüfen. So viele warten darauf, mit Gottes Liebe geliebt zu werden. Jeder möchte geliebt sein. Geliebt werden und lieben dürfen, das ist jedes Menschen Bedürfnis. Für Gottes Liebe gibt es keine Hindernisse. Sie versagt nie.

Es ist die Liebe zum Herrn und den Menschen, die rechtes Handeln, bleibende Frucht und die Verherrlichung Jesu zur Folge hat. Liebe nimmt den anderen ernst. Diese Liebe ist nicht mein Besitz. Gerade, wenn ich meine, genug Liebe zu haben, habe ich schon keine echte Liebe mehr.

(b) Es gibt keine Liebe ohne die Tat

Dazu steht in 2.Korinther 5,14: >>Die Liebe Christi drängt uns.<< Wo der Herr Jesus wirken kann, werden Menschen von der Liebe gedrängt, es kommt zur Tat. Der Tod Jesu war Offenbarung der Liebe Gottes. Hier wurde Liebe sichtbar.

Diese Liebe hat mich überwältigt, schreibt Paulus. Diese Liebe ist es, von der ich umfangen, gehalten und getrieben werde; sie drängt mich. Gedrängtsein bedeutet, festgehalten sein, umschlungen sein, so daß man nicht mehr entweichen kann. Gottes Liebe in uns wird nie müde. Von dieser Liebe bewegt werden, getrieben werden, darum geht es. Ein von der Liebe Überwältigter kann nicht anders als lieben.

(c) Liebe deckt Fehler zu, nimmt den anderen an, wie er ist

Wenn wir mit unserer Liebe warten, bis der andere frei von seinen Fehlern ist, lieben wir nur ein Wunschbild. Wie er jetzt ist, so soll er geliebt werden. Jemanden mit der Liebe Jesu lieben, heißt: Ihn so annehmen, wie er ist. Dann aber versuchen, ihn einem Ziel entgegenzuführen, das er selbst noch nicht sieht: Er muß von der Liebe ebenfalls überwunden und überwältigt werden. Der Herr Jesus ließ Petrus nicht fallen, obwohl er um dessen schmachvolles Versagen mußte. Liebe gibt nie auf.

(d) Intakte Liebe zu Jesus führt auch zu ernsthaftem Gebet

Nur Liebende beten wahrhaftig und erhörlich. Liebende haben unerschöpfliches Gebetsmaterial. Im Gebet segnen wir. Jeder, für den wir beten, ist unser Freund, selbst wenn er uns haßt und flucht.

Liebe offenbart sich darin, daß wir zuerst mit dem HERRN reden und erst dann mit dem Betreffenden. Unsere Denk- und Handlungsweise wird dadurch verändert.

Wenn wir keine Liebe zu Jesus haben, dann werden wir nicht dort sein, wo er ist. Niemand wird im Himmel sein, der nicht zuerst gelernt hat, ihn hier auf der Erde zu lieben! Wer ihn liebt, wartet auf ihn und sieht ihm in freudiger Erwartung entgegen.

Unsere Lindtraud hat gewußt, daß die dreimalige Frage an Petrus auch ihr persönlich galt. Sie gilt auch uns! Dies ist keine nebensächliche Frage. Es ist nicht egal, ob wir Jesus lieben oder nicht! Davon hängt es schlechthin ab, ob wir gesegnet werden oder nicht. >>Wenn jemand den Herrn Jesus nicht lieb hat, der sei verflucht!<< Entweder lassen wir uns von Jesus lieben und beschenken, oder aber wir lehnen Jesu Liebe, Gottes Vergebung und damit das ewige Leben ab, und bleiben für Zeit und Ewigkeit Verfluchte. Denken wir in der Stille über die vier Punkte von Lindtraud nach!

1. Hast du mich lieb? **Eine ernste Frage!** Wohl uns, wenn wir erschrecken, bereit sind, den Stab über uns zu brechen und aus dem Schmerz wirklich echte Buße wird.

2. Die Liebe wird ausgegossen über die, die Jesus als Heiland annehmen. **Eine große Tatsache!** Durch den Heiligen Geist ist der Gerettete im Besitz der Liebe Gottes.

3. Glaubende sind Kanäle, die die Liebe Jesu weitergeben! **Eine wichtige Berufung!** Der Gesegnete wird zum Segensträger.

4. Weide meine Schafe! **Eine notwendige Aufgabe.** In Jeremia 48,10 lesen wir: >>Verflucht sei, der das Werk des Herrn lässig treibt!<<

Das Wort >>verflucht<< kam in der Botschaft von Lindtraud immer wieder vor. Klar sagt die Schrift, daß der Mensch entweder unter Gottes Fluch, oder unter Gottes Segen steht. Linde stand unter Gottes Segen.
Warum wohl?

a) Sie hat an die Bibel als Gottes unfehlbares Wort geglaubt.
Deshalb wurde sie gesegnet. Sage mir, wie du zur Bibel stehst, dann sage ich dir, wie du zu Jesus stehst. Galater 1,8: >>Wenn aber auch wir oder ein Engel aus dem Himmel euch etwas als Evangelium entgegen dem verkündigten, was wir euch als Evangelium verkündigt haben: Er sei verflucht!<<

b) Sie stützte sich allein auf Gottes Gnade und Erbarmen.
Deshalb wurde sie gesegnet. Linde wußte: In mir ist nichts Gutes. All mein Mühen endet ın Niederlagen. Galater 3,10: >>Denn alle, die aus Gesetzeswerken sind, die sind unter dem Fluch; denn es steht geschrieben! Verflucht ist jeder, der nicht bleibt in allem, was im Buch des Gesetzes geschrieben ist, um es zu tun.<<

c) Sie hat bewußt ihr Vertrauen auf Jesus gesetzt.

Sie wandelte nicht vor Menschen, sondern vor dem HERRN. Deshalb wurde sie gesegnet. Wer sich nach dem Urteil der Menschen richtet, steht unter Gottes Fluch. Jeremia 17,5: >>So spricht der HERR: Verflucht ist der Mann, der auf Menschen vertraut und Fleisch zu seinem Arm macht und dessen Herz vom HERRN weicht.<< Jeremia 17,7-8: >>Gesegnet ist der Mann, der auf den HERRN vertraut und dessen Vertrauen der HERR ist! Er wird sein wie ein Baum, der am Wasser gepflanzt ist und am Bach seine Wurzeln ausstreckt und sich nicht fürchtet, wenn die Hitze kommt. Sein Laub ist grün, im Jahr der Dürre ist er unbekümmert, und er hört nicht auf, Frucht zu tragen.<<

Gottes Fluch hat der Herr Jesus geschmeckt wie kein anderer! Galater 3,13: >>Christus hat uns losgekauft von dem Fluch des Gesetzes, indem er ein Fluch für uns geworden ist!<< Jesus am Kreuz wurde zum Verfluchten. Die Strafe für die Schuld und Sünde der ganzen Menschheit hat er auf sich genommen.

Möge die Zukunftsverheißung heute in unseren Herzen schon in Erfüllung gehen, indem wir vor ihm niedersinken und bekennen: >>Würdig ist das Lamm, das geschlachtet worden ist, zu empfangen die Macht und Reichtum und Weisheit und Stärke und Ehre und Herrlichkeit und Lobpreis.<< (Offenbarung 5,12).

3. NOTIZEN AUS LINDTRAUDS BIBEL

Ein bekannter Liedvers heißt:

Gottes Wort ist Wahrheit, ewig bleibt's besteh'n!
Mögen Berge weichen, Völker untergeh'n!
Gottes Wort ist Wahrheit!
Trost in allem Leid!
Unseres Fußes Leuchte hin zur Ewigkeit!

An dieses Wort Gottes hat sich Linde gehalten. Aus dem Wort holte sie sich Kraft, Weisheit, Trost und Wegweisung. Obwohl in der Krankenpflegeschule die Bibel nicht besonders unterrichtet wurde, hat sie selbst eifrig in der Bibel geforscht, weil sie wußte: Ohne Gottes Wort komme ich nicht durch. Die Anmerkungen in ihrer Bibel, die sie einmalig sauber notierte, zeigen, was Linde innerlich erlebt hat. Welche Haltung sie auch zum Leben, zum Leiden, zu Nöten und Schwierigkeiten einnahm, zeigt aber auch besonders, daß der Herr Jesus ihr Wirklichkeit war und ihr alles bedeutete.

Wenn du Gott gehorsam bist, werden andere gesegnet. Mancher hat eine schwere Zunge und ist ratlos, wenn er für seinen HERRN reden soll. Da ist es wichtig zu wissen, daß der HERR die Zunge gemacht hat und wir uns hüten müssen, den Schöpfer durch unsere Haltung zu tadeln. Eine schwerfällige Zunge ist kein so großes Übel wie eine schnelle Zunge. Wenige Worte können mehr Segen stiften als ein großer Wortschwall. Wenn Gott mit uns ist, haben wir mehr als Beredsamkeit und Überredungskunst. Gottes Gegenwart bedeutet Macht. Wenn der HERR mit uns ist, werden wir mit übernatürlicher Kraft angetan. Darum laßt uns freimütig von Jesus reden.

Alle Veränderungen in meinem Leben kommen vom HERRN, dem Unveränderlichen. Oft erniedrigt Gott die, die er erhöhen will. Sein Weg ist immer der beste. Je mehr wir gedemütigt werden, desto mehr werden wir in die Herrlichkeit erhoben. HERR, du hast mich gedemütigt, und mich meine Nichtigkeit und Sünde fühlen lassen. Laß mir diese Erfahrung zum Segen werden!

Ist es Ziel meines Lebens, Gott zu ehren? Gott sagt: Wer mich ehrt, den will ich ehren! Ich mag eine Zeitlang keine Ehre von Menschen empfangen, doch der HERR wird mich ehren, wenn es mir nur um die Ausführung seines Willens geht. Er wird geehrt durch Gehorsam.

Wenn der HERR uns sechs Trübsale bestimmt hat, kommen sechs, aber nicht mehr als sechs. Hat er uns aber sieben bestimmt, so wird uns auch in der siebten kein Übel rühren. Wir dürfen auf den HERRN blicken und die Furcht denen überlassen, die keinen Heiland und keinen Tröster haben. Wir mögen in tiefe Schwermut sinken, daß es scheint, als wären wir in den Abgrund der Hölle gestürzt, aber wir sollen nicht dort gelassen werden. Der HERR wird uns nicht vergessen und uns nicht dem Feind ausliefern. Laßt uns in Hoffnung ruhen! Ganz gewiß werden wir aus Tod, Finsternis und Verzweiflung zu Leben, Licht und Freiheit auferstehen.

Menschen, die den Stab über sich brechen, braucht Gott. Sich vor Gott demütigen, um das geht's! Die Last ist schwer. Wälze sie auf den Allmächtigen! Die Last liegt noch auf dir und doch nicht auf dir allein. Denn du selbst wirst vom HERRN getragen und die Last wird dir so zum Segen. Überlaß auch heute dein ganzen Leid dem HERRN. Dann wirst du frei werden und fröhlich das Lob deines großen Lastenträgers singen.

Du sagst, ich habe keinen Freund und Helfer! Umso besser; verlaß dich darauf, daß Gott dir beides ist. Rufe zu ihm! Er hört dein Rufen, er rettet und begnadigt. Versuche es mit deinem reichen Gott. Er hat mich nie im Stich gelassen, er wird auch dich nicht im Stich lassen. Komm zum Herrn als ein Bettler und er wird dir seine

Hilfe nicht versagen! Jesus ist König, er wird dich nicht im Mangel umkommen lassen.

Der HERR will, daß wir um großen Segen bitten. Unsere Bedürfnisse sollen uns zwingen, dem HERRN zu nahen. Unsere Schwäche soll dazu dienen, daß wir um sein Eingreifen bitten. Unsere Angst soll uns bewegen, wie ein Kind zu Gott zu schreien. Er erhört Gebet!

Unerschütterliches Vertrauen auf den HERRN soll unser Leben kennzeichnen. Der HERR tut uns nichts Übles, noch läßt er zu, daß andere uns schaden. Unser Gott ist der HERR, auch über die unbekannte Zukunft. Wir sind entschlossen, Gott zu vertrauen, es mag kommen, was da will. Und wenn es zum Schlimmsten kommt. Der HERR ist doch höher als alles. So brauchen wir uns nicht zu fürchten! Der HERR lebt.

Bist du bereit, geopfert zu werden? Fürchte nicht das Feuer. Laß kein Selbstmitleid aufkommen. Der HERR möchte dich lösen von jeder Neigung und jeder Verbindung, die nicht von ihm ist. Nach dieser Feuerprobe ist nichts mehr da, was dich bedrücken oder traurig machen könnte! Du steht mit dem HERRN über den Dingen.

Viel Not treibt uns dazu, dem HERRN zu dienen. Denn wir merken, daß in dieser Welt nichts ist, wofür es sich lohnen würde, zu leben. Zugleich treibt uns die Hoffnung der zukünftigen Welt zu Eifer, Fleiß und Selbstverleugnung. Geht es uns gut, so erschweren es uns die Freuden dieser Welt, an die zukünftige zu denken und wir überlassen uns einer trägen Bequemlichkeit. O HERR, wir danken dir für unsere Leiden, denn sie halten uns wach.

Jesus zerbricht eiserne Regeln. Jawohl, das tut er! Überall kommen die, die irgendwie gebunden sind, heraus ans Licht und in die Freiheit. Jesus verkündet den Gebundenen, daß ihre Gefängnisse geöffnet werden. Er macht auch dich frei, wenn du gerade jetzt in den Banden von Leiden, Zweifeln und Furcht trauerst. Dir Freiheit zu geben ist Jesu Verlangen. Du hast dich nicht selbst zu befreien, der HERR tut es. Vertraue ihm, so wird er dein Befreier sein. Glaube an ihn trotz der eisernen Riegel. Satan kann dich nicht halten, die Sünde kann dich nicht fesseln, selbst die Verzweiflung kann dich nicht binden, wenn du jetzt an den Herrn Jesus glauben willst, an seine freie Gnade und seine volle Macht zu erretten.

Der wahrhaft Gläubige fürchtet den HERRN und steht deshalb unter göttlichem Schutz und Segen. Sein Heim ist eine Stätte der Liebe, eine Schule heiliger Erziehung und ein Ort himmlischen Lichts. Laßt uns darauf achten, in allen Dingen im Licht zu wandeln: In unserem Geschäft, in unserem Urteil über andere, in unserem ganzen Wandel. Der gerechte Gott segnet keine ungerechten Handlungen.

Jesus sollen wir suchen und lieben, denn er läßt sich finden und schenkt uns seine Liebe. Es liegt an uns, Jesus früh kennenzulernen. Glücklich die Menschen, die schon ihre Jugend mit dem Herrn Jesus verbringen. Frühe Sucher werden sichere Finder. Und wohl dem, in dessen Leben Jesus an erster Stelle steht. Nichts und niemand kann mit Jesus verglichen werden.

Wie köstlich ist das Wort Gottes! Es hat eine Arznei für jede Krankheit, Balsam für jede Wunde. Der HERR sagt: Seid tapfer und fürchtet euch nicht! Manche sind durch Nöte niedergedrückt. Muß das sein? Ist unsere Angst nicht grundlos? Dient unsere Not nicht unserem ewigen Wohl? Ursache aller Angst ist unser Unglaube. Furcht macht schwach. Mit unseren Sorgen verunehren wir den allmächtigen Gott. Hinweg mit allem, was einen Schatten auf Gott wirft. Angst ist unnötig. Wem hat sie je genutzt? Wenn du beweisen kannst, daß Angst etwas nützt, dann kannst du dich ihr hingeben. Doch solange du das nicht kannst, sei stark und fürchte dich nicht!

Es geht darum, im Glauben alles Irdische weit unter uns zu sehen und nicht mehr von irdischen, sondern vom himmlischen Standpunkt aus zu beurteilen. Wie klein werden dann alle irdischen Sorgen!

Unsere Gedanken sollten viel mehr bei dem sein, was droben ist, wo Christus ist. Ihr seid nicht von der Welt, sagt Jesus. So dürfen wir uns erheben lassen über die geringen, zeitlichen und sichtbaren Dinge, die uns verwirren wollen. Oft sind wir mit unwesentlichen Dingen beschäftigt und von Kleinigkeiten bedrückt. Nicht auf dieser Erde ist deine Heimat, du gehörst eigentlich gar nicht hierher. Erst wenn du in der Höhe bei Gott bist, hast du deinen richtigen Ort gefunden!

Fühlst du dich elend und unglücklich, so geh auf deine Knie und denke im Gebet an den, der in Gethsemane gezagt hat und du wirst sagen: Was ist auch all mein Leiden im Vergleich zu seinem? Das Kreuz ist eine unfehlbare Arznei gegen das Versinken im Unglück. Der Blick auf den Gekreuzigten macht glücklich. Die Jesus am besten kennen, sind die Glücklichsten.

Bedenke, was der HERR dir bisher schon gewesen ist! Er hat dich seine Güte, Macht und Treue erfahren lassen. Warum nicht dem HERRN jetzt vertrauen? Nicht noch ein paar Monate, die du vielleicht noch durch die Wüste wandern mußt? Wenn dein Herz in dir verzagt, so gedenke des HERRN und du wirst getröstet werden.
Gott weiß, wie jung du bist, und wie gering deine Kenntnisse und Erfahrungen sind. Aber wenn es ihm gefällt, dich zu senden, darfst du nicht vor dem himmlischen Ruf zurückbeben. Gott will nicht, daß ich meine Zeit müßig vertrödele. Ich muß gehen, weil er mich stark macht und ich darf mich nicht fürchten. Ja, HERR, du hast mich gesandt und ich will in deiner Kraft gehen. Auf deinen Befehl hin gehe ich und bin gewiß, daß du durch mich siegen wirst. Gott ist mit denen, die mit ihm sind. Gott wird niemals fern sein, wenn die Stunde des Kampfes kommt.

Der lebendige Gott verheißt, daß er ernstliches Gebet beantwortet. Gott hält wunderbare Dinge bereit für die, die ihn anrufen. Was sie nie gesehen, wovon sie nie geträumt haben, das will er für sie tun. Er will uns durch seine Gnade in Staunen versetzen. Er verlangt nichts anderes von uns, als daß wir ihn anrufen. Laßt uns nicht zögern, ihm freudig unsere Bitten vorzutragen.

Mag die gottfeindliche Welt die drei Freunde Daniels in den Feuerofen werfen, eines kann man ihnen nicht nehmen, die Gemeinschaft mit Gott. Und mag man den Ofen siebenmal heißer machen als gewöhnlich, der HERR geht mit in den Glutofen hinein als der Vierte im Bund. Das ist das Geheimnis der Freude im Herzen eines Gläubigen, daß er an Gott und der Gemeinschaft mit ihm genug hat!

Eine Aussprache, durch die eine Verbitterung oder Trübung untereinander überwunden wird, ist vor Gott unendlich wichtiger und unbedingt notwendiger, als sogenannter Gottesdienst. Solange das Verhältnis zum anderen nicht ins Reine gebracht ist, solange ist alles Beten und Bibellesen nicht nur zwecklos, sondern Belastung, ja Versündigung.

Wer erlebt Sättigung und Erquickung durch Jesus? Wer das tiefe Verlangen hat, in Gedanken, Worten und Werken den HERRN allein zu erfreuen.

Wenn ein Gläubiger in der Anfechtung einen trübseligen und verzagten Geist zeigt, wenn er nicht beim HERRN Gnade sucht, um standhaft und fröhlich mit der Trübsal fertig zu werden, wenn er den himmlischen Vater nicht um Kraft und Trost bittet, damit er sich alle Wege in dem HERRN freuen kann, dann verleugnet er den HERRN und sagt durch sein Gebaren, daß der HERR es mit seinen Zusagen nicht ernst meint. Glaubende können sagen: Aber ich will mich freuen des HERRN und fröhlich sein in dem Gott meines Heils!
Der Mensch kann sich nicht selbst bekehren, aber er kann

sich retten lassen. Unser Ja zu Jesus hat seine Ursache im Ja Gottes zu uns Menschen. Unser Nein zu Gottes Rettung ist aber unsere Schuld ganz allein.

Wenn einem Ertrinkenden der Rettungsring zugeworfen wird, und der Ertrinkende danach greift, und zwar mit all seiner Energie den Ring fest umschlingt, dann kann ein so Geretteter nicht sagen: Ich habe mich gerettet; sondern er muß zugeben: Ich bin gerettet worden. Aber ebenso muß der Gerettete auch bekennen: Hätte ich den Ring nicht mit ganzem Ernst ergriffen, dann wäre ich ganz allein an meinem Tod schuldig gewesen. Das Errettetwerden ist ein Geschenk. Das Ertrinken jedoch Schuld. Bekehrung ist nicht Leistung, sondern Geschenk! Das Verlorengehen aber ist Schuld, eigene Schuld, ganz und gar.

Der Glaubende ist fort und fort berufen, seine Umgebung wie seine Speise zu salzen. Salz zu sein, ist ein wichtiger Beruf. Wer ihn erfüllen will, der muß allerdings wissen von dem Opfer, das damit verbunden ist. Denn wenn das Salz seine Aufgabe erfüllen will, muß es sich dabei auflösen. Des Salzes Dienst geschieht fort und fort unter Drangabe alles Eigenen.

Völlige Selbstlosigkeit, das ist das, was die echte Liebe zu Jesus kennzeichnet. Nur der HERR allein darf wissen, was wir opfern. Was wir opfern ist nicht Leistung, Werkgerechtigkeit, sondern Hingabe und Glaubensfrucht.

Ich glaube, daß uns Gott in jeder Notlage soviel Widerstandskraft geben will, wie wir brauchen. Aber er gibt sie nie im Voraus, damit wir nicht auf uns selbst, sondern allein auf ihn uns verlassen. In solchem Glauben müßte alle Angst vor der Zukunft überwunden sein.

Echte Gotteskinder sollten stets die allerfleißigsten und arbeitsfreudigsten Menschen sein.

Das Glaubensband mit dem himmlischen Vater ist nur

dann vorhanden, wenn das Liebesband wieder mit dem Nächsten geknüpft worden ist.

Beten ohne Unterlaß ist der Echtheitsbeweis neuen Lebens. Beten heißt nicht nur, morgens und abends einige Minuten dem Gebet widmen - nein, das ganze Leben wird vom Gebet beherrscht. Das ganze Leben ist Zwiesprache mit Gott, und dies dauert fort in alle Ewigkeit. Selbst durch den Tod wird diese Zwiesprache nicht eine einzige Sekunde unterbrochen.

Jesus fordert, was außerhalb des Bereiches des Menschenmöglichen liegt. Aber was bei dem Menschen unmöglich ist, das ist bei Gott möglich, d.h. möglich >>in Christus<<, im Gebundensein an Jesus. Der Mensch ist nichts - der HERR aber alles. Der Mensch kann nichts, der HERR aber ist der Allmächtige. Nur denen, die nichts sind, nichts haben und nichts in sich selbst können, denen - und nur denen - gehört der unerforschliche und **ewige Reichtum** Gottes in Christus.

Der HERR hilft mit dem Wort, mit demselben mächtigen Wort, durch das die Welt erschaffen wurde, durch das auch die Welt erhalten wird. Es ist das Wort, das auch heute noch zu neuem Leben erweckt, das fort und fort an Leib und Seele und Geist wirkt und ausrichtet, wozu es ausgesandt wird, nämlich ewiges Leben zu geben und ewiges Leben zu fördern.

Der HERR verlangt von seinem Jünger die vollständige und alleinige Bindung an ihn. Wenn der HERR in seine Nachfolge, in seinen Dienst ruft, dann gilt es, noch heute zu tun, was morgen vielleicht zu spät ist.

Lieber fortwährend Unrecht leiden, als nur ein einziges Mal Unrecht tun, und dem Herrn dadurch Schmerzen bereiten.

Wo Gottes Wort machtvoll verkündigt wird, fallen jetzt schon letzte Entscheidungen, Entscheidungen des letzten Gerichts: An der Stellung zu Christus entscheiden sich tatsächlich jetzt schon Leben und Tod, Heil und Unheil!

Echtes Ruhen in Gott lernen wir nur, wenn Gott uns den Boden unter den Füßen wegzieht und uns in Tiefen hineinführt, wo wir ihn nicht mehr verstehen. Wenn ich auch gar nichts fühle von deiner Macht, du führst mich doch zum Ziele, auch durch die Nacht!

Es gilt, den Weg, den Gott einem jeden einzelnen vorgezeichnet hat, still zu gehen, ohne nach rechts oder links zu schauen. Nicht eigene Ziele und Wünsche im Sinn habend, sondern einzig und allein dem Willen des Vaters gehorsam. Bescheiden und doch fest bewußt; anspruchslos und doch bestimmt; demütig und sicheren Schritts dem Ziel zu, durch alle Hindernisse und Schwierigkeiten hindurch seinen Weg ihm nach zu gehen!

So, wie ich mich zum Nächsten verhalte,
so verhalte ich mich zum Wort Gottes.

Von dir selbst mußt du lassen, dich selbst loslassen, aufhören, dein eigener Herr zu sein und Gott deinen HERRN sein lassen. Aufhören, dich selbst rechtfertigen zu wollen und Gott allein rechtgeben. Aufhören, dich selbst wichtig zu nehmen, um allein Gott wichtig zu nehmen. Aufhören, irgend etwas für dich zu behalten, von dem du weißt, daß Gott es nicht will. Das heißt glauben und gehorchen, daß heißt Gottes Wort aufnehmen.

Wenn ein Mensch nicht glauben kann, dann liegt es daran, daß er nicht glauben will.

Laß die Umstände sein, wie sie wollen, bleibe standhaft im Erkennen Jesu; halte Dein Vertrauen auf ihn aufrecht.

Das Kreuz veranschaulicht die Schande, Verfolgung und

Schmach, mit der die Welt den Sohn Gottes überhäufte, und welche die Welt auch auf alle die laden wird, die sich entschieden haben, gegen den Strom zu schwimmen.

Wenn du Jesus einmal geschaut hast, kannst du nicht mehr der Gleiche sein; dann können die Dinge nicht mehr dieselbe Wirkung auf dich haben wie früher.

Erschütterungen sind Segnungen aus der Tiefe. Proben müssen sein, damit Gott sein herrliches Ziel mit uns erreichen kann. Aber er braucht unser Ja, unser Vertrauen.

Wir wollen es uns einprägen: Was immer die Mittel zu unserer Vervollkommnung sein mögen, sie kommen durch seine Hand! Das ist ein Grund zur Freude, ein Befehl zur Freude.

Versuche nicht, Jesus zu etwas zu drängen; nötige ihn zu nichts. Jesus weiß besser als du, was er zu tun hat. Bleibe bescheiden im Hintergrund und warte, bis er spricht. Und dann gehorche ihm aufs Wort. Wahrer Gehorsam zeigt sich nicht immer in dem, was wir tun, sondern in der völligen Ergebenheit in den Willen Gottes. HERR, hilf mir zu tun, was du von mir verlangst. Egal, was es auch sein mag. Laß mich nicht wählen, was mir am besten gefällt. Gib nicht zu, daß sich mein Eigenwille einmischt, sondern wenn du etwas befiehlst, so gib mir Kraft, es zu tun!

Wahre, hingebende Liebe zu Jesus erfüllt mit einem kostbaren Duft die ganze Umgebung. Liebe rechnet nicht. Liebe verschwendet. Liebe fragt nicht nach dem Nutzen. Liebe will lieben.
Wenn du Gott gehorchst, schenkt er dir seinen unergründlichen Frieden. Jede Schwierigkeit, die zwischen mich und Gott tritt, entspringt dem Ungehorsam. Wenn ich gehorche, freue ich mich über Nöte, denn ich weiß, daß der HERR darum weiß und warte gespannt auf sein Eingriffen, wie er wohl alles entwirren wird.

Es ist unmöglich, gläubig zu sein, ohne Christus zu lieben. Alles wird gutgehen, wenn wir den Herrn Jesus liebhaben. Um recht zu wirken, zu leiden oder zu sterben, müssen wir den HERRN von ganzem Herzen lieben. Solange ich lebe, will ich alles aus Liebe zu dir tun!

Zum Glauben kommt man nur durch tiefe Buße und einen radikalen Bruch mit dem ganzen bisherigen Leben.

Alles wirkt zum ewigen Heil mit, auch das, was jetzt schwer, leidvoll und rätselhaft ist.

Die Gnade des HERRN macht tätig. Sie ermächtigt und befähigt zu Einsatz, Hingabe, Arbeit und Leiden.

In unserer chaotischen Welt dürfen wir fest und unerschütterlich bleiben, weil wir Jesus kennen. Hier auf Erden sind wir immer unter dem Schutz Jesu und bald nimmt er uns ganz zu sich. Festbleiben können wir nicht aufgrund eigener Standhaftigkeit und Treue, sondern nur, weil wir vertrauend auf Jesus blicken und in jeder Lage mit ihm rechnen.

Darauf kommt es an, daß Jesus sichtbar und groß wird, indem wir nicht uns selbst leben und nicht eigene Ehre suchen. Die Kraft des Christus erfahren nur Menschen, die sich ihrer Schwachheit bewußt sind. Gottes Gnade ist genug für mich. So wollen wir auf unseren Gott und seine Gnade vertrauen. Wenn er unseren Kummer nicht von uns nimmt, wird er uns fähig machen, ihn zu tragen.

Wie können wir zaudern, im Gebet zu ihm zu kommen? Er ist nahe, um zu vergeben, um zu segnen, um zu trösten, zu helfen, zu beleben und zu befreien. Es muß unsere ständige Sehnsucht sein, dem Herrn zu nahen. Wenn wir Menschen nahen, mögen sie in kurzer Zeit unserer müde werden und uns verlassen. Wer aber den HERRN allein sucht, erfährt, daß sich der HERR nicht ändert und uns seine Gemeinschaft alles bedeutet.

Das Erkennen des eigenen Versagens bewahrt vor Vertrauen auf eigenes Können und zerschlägt restlos allen Ichdünkel und Hochmut.

Ich möchte mehr und mehr ein Kind sein. Mein himmlischer Vater hat Stärke genug; ich habe nicht nötig, stark zu sein. Man bedarf keiner Stärke, wenn man in Jesus bleiben und ruhen will. Allein dadurch entsteht Frucht.

Als Glaubende werden wir erleben, daß aller Schmerz aufhört und alle Tränen abgewischt werden. Wir leben in der Welt der Tränen. Doch diese Welt vergeht. Die Zukunft bringt einen neuen Himmel und eine neue Erde. Bei der Hochzeit des Lammes wird nicht mehr über den Fall des Menschen und dessen Folgen geweint werden. Grenzenlose Freude wird unsere Herzen erfüllen.

Unser Leben endet nicht mit dem Tod. Wir eilen der Herrlichkeit entgegen.

III. IN SEINEM LICHT

Psalm 36,10: >>Denn bei DIR ist der Quell des Lebens; IN DEINEM LICHT SEHEN WIR DAS LICHT.<<

Dieses Kapitel ist FÜR UNGERETTETE schwer zu verstehen, deshalb rate ich denselben, gleich im nächsten Kapitel weiterzulesen. Das hier kurz angeschnittene Problem ist jedoch eine Riesengefahr FÜR GERETTETE. Ich kann darum nicht anders als dringend warnen, um von Satan nicht verführt zu werden, der besonders in der Endzeit >>Zeichen und Wunder<< tun wird.

ENDZEITLICHE VERWIRRUNG

Gleich nach der Operation von Linde telefonierten wir den Geschwistern nach Japan. Wir spürten, daß sie treu im Gebet an uns dachten und mittrugen. In Lindes Zimmer stand auch immer ein Blumengesteck von den Geschwistern der Versammlung in Tokyo.
An diesem 24. Juli war abends wie wöchentliche Gebetsversammlung. Eine Frau, die in einer anderen Gemeinde zum Glauben gekommen war, aber dann unsere Versammlungen besuchte, kam zum 1. Mal in die Donnerstagabend-Gebetsstunde. Am selben Tag war sie auch bei einer anderen Gebetszusammenkunft, in der das Zungenreden und Heilen praktiziert wird.
Die Brüder und Schwestern beten immer in getrennten Räumen. Bei den Schwestern war aber durch die oben erwähnte Frau dieser Abend ein einziges Fiasko. Eine Schwester, deren Leben ein lebendiges Zeugnis für unseren Herrn ist, wurde von jener Frau im Gebet unterbrochen mit der Bemerkung, ihr Gebet sei falsch; dann begann sie selbst und betete über 40 Minuten lang. Sie verurteilte in diesem Gebet alle, die nicht für die Heilung Lindtrauds beten würden. Dies sei reinster Unglaube und sie befahl dem HERRN im Gebet regelrecht, unsere Tochter zu heilen. An ein Mitbeten der Schwestern der

Versammlung war nicht mehr zu denken. Sie alle saßen mit offenen Augen entsetzt da. Als nach der Gebetsstunde die Brüder davon hörten, sprachen zwei der Verantwortlichen mit der Frau ernsthaft; nach außen hin schien sie Buße getan zu haben; doch kommt sie nicht mehr zur Versammlung.

Einerseits sind wir traurig darüber, andererseits sehen wir darin eine Gebetserhörung. Denn immer wieder beten wir: HERR, führe alle Gläubigen der Versammlung weg, die nicht bereit sind, in deinem Licht zu wandeln. Halte auch alle Ungläubigen fern, die nicht von dir selbst vorbereitet sind.

Paulus warnte die Gläubigen in Korinth und weist darauf hin, daß die Möglichkeit besteht, von Satan übervorteilt zu werden. Wer übervorteilt wird, ist einer, der übers Ohr gehauen wird und es nicht mal merkt. Auch schreibt Paulus von der Möglichkeit, daß Gläubige einen >>anderen Geist<< empfangen.

2.Korinther 2,11: >>...damit wir nicht vom Satan übervorteilt werden, denn seine Gedanken sind uns nicht unbekannt.<< 2.Korinther 11,4: >>Denn wenn der, welcher kommt, einen anderen Jesus predigt, den wir nicht gepredigt haben, oder ihr EINEN ANDEREN GEIST empfangt, den ihr nicht empfangen habt, oder ein anderes Evangelium, das ihr nicht angenommen habt, so ertragt ihr das gut.<<

Nach 1.Timotheus 4 wächst der Einfluß der bösen Geister im Bereich der Gemeinde vor der Wiederkunft. Und wir leben in der Endzeit. Unser HERR kommt bald. Für unsere Zeit sagt Gottes Wort:

Mt. 24,24: >>Denn es werden falsche Christi und falsche Propheten aufstehen und werden GROSSE ZEICHEN UND WUNDER tun, um so, wenn möglich, auch die Auserwählten zu verführen.<<

Kennzeichen der Endzeit ist VERFÜHRUNG. Der Widersacher Gottes, Satan, versucht als listige Schlange, als Engel des Lichts und als brüllender Löwe die Glaubenden zu verführen. Wundersucht ist ein Zeichen unreifer Gläubiger.

Natürlich kann der HERR auch heute noch Wunder tun; doch es geht dem HERRN mehr darum, daß die Gläubigen nicht zeitliche Linderung ihrer Not erhalten, sondern daß sie durch die Not umgestaltet werden ins Bild Jesu.

Als der Heilige Geist noch nicht ausgegossen war, wurden viele DURCH SEHEN gläubig. Heute aber kommen die Menschen durch das Wort Gottes zum Glauben:

Römer 10,17: >>Also ist der Glaube aus der Verkündigung, die Verkündigung aber durch das Wort Christi.<<

FRAGE: Redet der HERR in der heutigen Zeit durch Prophezeiungen, Visionen, Sicht- und Spürbares?

ANTWORT: Nein. Der HERR könnte es tun, doch die Bibel sagt klar, daß er es nicht will.

FRAGE: Überall auf der Welt treten aber solche Dinge doch mehr und mehr in Erscheinung. Was soll man darüber denken?

ANTWORT: Diese Dinge sind bereits der Anfang des bald hereinbrechenden Gerichts. Diese Wunder sind >>lügenhafte Kräfte und Zeichen und Wunder mit allerlei Verführung zur Ungerechtigkeit.<< 2.Thessalonicher 2,9-10.

Klar hat unser HERR diese Dinge vorausgesehen: Markus 13,22: >>Es werden aber falsche Christi und falsche Propheten aufstehen und werden Zeichen und Wunder tun, um wenn möglich, die Auserwählten zu verführen.<<

Der Heilige Geist ist nicht eine Kraft, ein Einfluß oder eine Segnung, also ein ETWAS, sondern eine göttliche Person, genau wie der himmlische Vater und Jesus Christus; also ein JEMAND!

Der Mensch kann nie über den Geist Gottes verfügen. Der Heilige Geist will über den Menschen bestimmen.

Wo man den Heiligen Geist nur als Kraft betrachtet, will man mehr von ihm haben. Man will Zeichen und Wunder. Bestimmend für solche Gläubige ist dann die Erfahrung und nicht Gottes Wort allein. Nirgends lesen wir in der Schrift, daß man um die 'Geistestaufe' bitten soll.

>>Wer Christi Geist nicht hat, der ist nicht sein.<< Wer aber Christi Geist hat, der gehört zu Jesus und ist eins mit ihm. Jeder Wiedergeborene hat in der Wiedergeburt den Heiligen Geist empfangen, ob er es weiß oder nicht.

Viele Gläubige fühlen sich kraftlos und meinen, daß ihnen etwas fehle. Das ist Irreführung Satans. Den Geretteten fehlt nichts. In Christus haben wir die ganze Fülle. Nur eines ist wichtig: Buße, Hingabe und Gehorsam. Alles andere ist ein Umgehen des von Gott gezeigten Weges. Was wir als Gerettete brauchen, sind nicht sog. Erfahrungen, Emotionen und gesteigerte Aktivität, sondern Buße, Hingabe und Gehorsam. Der HERR möchte segnen und uns gebrauchen, doch nicht, indem er uns etwas Auffallendes gibt, sondern indem er uns ans Kreuz führt.

Paulus erlebte das Kreuz und bezeugt: >>Allezeit das Sterben Jesu am Leib umhertragend, auf daß auch das Leben Jesu an unserem Leib offenbar werde<< (2.Korinther 4,10.12). FRUCHT IST OFFENBARES LEBEN JESU. Ziel des Geistes Gottes ist immer: Er, der Herr Jesus, muß wachsen, ich aber abnehmen. Jesus allein soll verherrlicht werden. Voll des Geistes wird man nicht, indem man etwas bekommt oder eine bestimmte Erfahrung macht, sondern indem man die Herrschaft Jesu akzeptiert.

Ich möchte hier unbedingt warnen, sich die Hände auflegen zu lassen, in Zungen zu reden, und auf unbedingte Heilung zu drängen. Viele sind dadurch schon in Satans Gewalt geraten.

Zur Erklärung einige Tatsachen:

Ein Mädchen hörte die frohe Botschaft, bekannte ihre Sünden und glaubte an Jesu vollbrachtes Erlösungswerk. Sie wußte, der Herr Jesus hat mich angenommen, ich bin gerettet. Nachdem sie ihr Leben dem HERRN ausgeliefert hatte, legte ihr der Prediger noch die Hände auf. Nach etwa einem Jahr stellte sich heraus, daß durch diese Handauflegung ein böser Geist übertragen worden war.

Im Gottesdienst einer Gemeinde hielt der Prediger eine ausgezeichnete biblische Botschaft. Am Schluß betete er noch in Zungen. Die Gemeinde war überzeugt, daß der Prediger besonders geistlich sei. Doch unter den Zuhörern war ein Mann, der die Sprache kannte. Der Prediger selbst, der in Zungen betete, wußte nicht, in welcher Sprache er dies tat, war also völlig unwissend. Der Wissende aber war entsetzt und forderte den Prediger auf, sein Gebet zu unterbrechen, da er darin dauernd Lästerungen auf den Namen Gottes aussprach.

Viele sind überzeugt, den HERRN in Zungen zu preisen, in Wirklichkeit verfluchen sie ihn. Auch die Spiritisten, Mormonen, Hinduisten, Mohammedaner haben das Zungenreden; auch in der Zauberei wird es praktiziert. Ich bin überzeugt, daß das heutige Zungenreden von unten stammt und mit dem Wirken des Heiligen Geistes überhaupt nichts zu tun hat. Resultat des Zungenredens ist Trennung und Spaltung. Gottes Geist aber vereinigt und macht echt eins. Wenn ich plötzlich in Zungen sprechen könnte, würde ich Tag und Nacht den HERRN anflehen, diese sog. Gabe zu nehmen, da ich nicht wüßte, stammt sie von oben oder von unten.

Eine Frau sprach fließend in Zungen, nachdem sie längst keine Verbindung mehr mit dem HERRN hatte.

Jahrelang litten viele Geschwister der Versammlung unter einer Schwester, die es nicht lassen konnte, gemeine und lieblose Kritik zu üben. Es kam zu einer Aussprache, zu der alle betroffenen Familien eingeladen wurden. Es wurde zusammen gebetet, und alle gingen in der Hoffnung auseinander, daß es nun zu einem friedlichen Verhältnis käme. Doch es ging in gleichem Stil weiter. Nach erneuter Warnung wurde das Ehepaar gebeten, für einige Zeit nicht mehr am Brotbrechen teilzunehmen. Resultat war, daß sie ohne weitere Aussprache einfach nicht mehr kamen, sich einer charismatischen Gruppe anschlossen, und sofort in Zungen redeten. Es braucht nicht ausgeführt zu werden, welcher Geist sich über eine solch unbußfertige Haltung freut und seinen >>Segen<< gibt.

Beim Zungenreden wird teilweise das Ich aufgegeben.

Das Ich hört auf, seine bewußte Steuerung der Sprache zu vollziehen. Doch die Bibel kennt kein passives Sich-hingeben und Sich-öffnen. Wo der Mensch passiv wird, hat Satan leichtes Spiel. Die Bibel befiehlt regelrecht: Jagt nach! Flieht! Naht euch zu Gott! Prüft! Kämpft! Sucht! Bittet! Ringt! Steht fest! Wacht! Der HERR hat uns den Verstand gegeben, und es ist nicht sein Wille, daß wir ihn ausschalten oder passiv werden. Passive Meditation, Yoga, Hypnose usw. sind äußerst gefährlich.

In Amerika wurden viele Gemeinden aufgesucht, wo Zungenreden geübt wird. Vieles wurde auf Tonband aufgenommen, und dann an verschiedenen Orten später vor Leuten abgespielt, die vorgaben, die Zungenrede auslegen zu können. Resultat: IN KEINEM FALL war auch nur die entfernteste Ähnlichkeit in den verschiedenen Auslegungen.

Wenn Menschen plötzlich zittern, schreien, rückwärts umfallen und aufgefangen werden müssen, teilweise sogar bewußtlos werden, sind das nicht Wirkungen des Geistes Gottes. Heute wird oftmals Spiritismus mit dem Wirken des Geistes Gottes verwechselt.

Das Volk Israel war einst mit der ihm von Gott zugedachten Speise, dem Manna, nicht mehr zufrieden. Sie wollten mehr. Damit haben sie den HERRN verworfen (4.Mose 11, 4-6 und 18-20). Auch heute wollen viele ernste Gläubige mehr; ihnen genügt nicht mehr das Wort Gottes allein. Sie wollen sog. Erlebnisse, Visionen. Sie wollen in Zungen sprechen, pochen auf unbedingte körperliche Heilung und merken nicht, daß böse Geister ihr Werk in ihnen treiben.

GLAUBE ist das Gegenteil von Schauen. Paulus bezeugte: >>Wir wandeln durch Glauben, nicht durch Schauen<< (2.Korinther 5,7). Der Glaubensweg ist für die alte Natur uninteressant. Die alte Natur möchte sehen, hören, fühlen und spüren; möchte besondere Erfahrungen machen, und das bedeutet bereits Abfall vom Glauben. Nicht sogenannte Gaben, sondern der Geber, unser Herr Jesus, soll unser ganzes Leben bestimmen. Möge unser tägliches Leben gekennzeichnet sein von Hingabe, Zerbruch und

Bejahung des Kreuzes. Dann bricht das Leben Jesu durch und es wirkt Frucht gewirkt. Wo wir nichts mehr für uns suchen, ist Satan machtlos.

Kennzeichen unserer Zeit ist: Anstatt, daß man neu zum Kreuz kommt und sich zerbrechen läßt, will man Gaben und Erlebnisse. Doch Geistesfülle gibt es nur durch Zerbruch. >>Wenn das Weizenkorn nicht stirbt, bleibt es allein!<< Wer auf einem anderen Weg Geistesfülle will, wird von bösen Geistern verführt. Viele sog. >>Gesalbte Gottes<< sind lediglich spiritistische Medien.

Für den HERRN wäre es ein kleines gewesen, Linde zu heilen. Keine Sekunde haben wir daran gezweifelt. Welche Freude wäre es uns gewesen, wenn Linde als Missionarin nach Japan zurückgekommen wäre, und wir miteinander den Herrn Jesus hätten bezeugen können! Doch wichtig ist nicht, was wir dann hätten, sondern was der HERR für das Beste hält. Sein Wille soll in unserem Leben zur Durchführung kommen! Gottes Geist will nicht körperliche Heilung um jeden Preis, sondern möchte allein die Verherrlichung Jesu. Auch unser Herr hat diese bewußte Haltung eingenommen: Nicht mein, sondern dein Wille geschehe!

Heute, nach über 7 Jahren, können wir nicht umhin, zu bekennen: Durch eine Heilung Lindtrauds wäre nicht so viel Frucht gezeitigt worden. Ihr volles, freudiges JA hat sich ausgewirkt wie eine Kettenreaktion. Die Heilung Lindtrauds wäre ein großes Wunder gewesen, doch die Unterwerfung ihres Willens unter den des HERRN war ein noch größeres.

Der Herr Jesus hat damals zu Petrus gesagt: >>Ich werde dich führen, wohin du nicht willst!<< Petrus hat sich dieser Führung anvertraut, weil er der Liebe Jesu völlig traute. Auf diesem Weg wurde sein Leben fruchtbar. Frucht kommt aus der Abhängigkeit vom Weinstock; aus der Bereitschaft, am Weinstock zu bleiben, aus der Bereitschaft, sich auch vom Weingärtner beschneiden zu lassen. Das Bleiben am Weinstock und das sich Beschneidenlassen ist die Verantwortung der Rebe. Wer sich nicht beschneiden lassen will, wird nicht gezwungen, doch

Frucht wird in seinem Leben nicht zu finden sein. Die Schere, die Gott in seiner Liebe an Linde benutzte, war die Krankheit, die so unerwartet kam. Linde hat für diese Krankheit gedankt, weil sie wußte: Mein HERR, an dem mein Herz hängt, hat sie zugelassen, und mein HERR macht keine Fehler!

>>Völlig sein Eigen! Nichts such' ich mehr;
Jesus, er stillet all mein Begehr.
Treu will ich dienen ihm immerdar,
bis ich gelang zur oberen Schar.<<

Dem HERRN geht es darum, daß wir ihm ähnlicher werden. Und dies geht immer durch Not. Jesus ging durch Leiden zur Herrlichkeit. Der Weg derer, die ihm nachfolgen, kann daher kein anderer sein.

In unseren Tagen wollen viele Zeichen und Wunder sehen. Notwendig ist aber, daß Menschen selbst zum Wunder werden. Linde war ein schlichtes, verborgenes Wunder der Gnade Jesu. Wenn ein Mensch nicht im Mittelpunkt stehen will, wenn ein Mensch sich rückhaltlos dem Willen Gottes unterwirft und sogar für Krebs danken kann, wenn ein Mensch sich nicht selbst bedauert und keine Träne für sich vergießt, aber um die Errettung der Umgebung fleht, das ist ein Wunder. Wo solche Wunder geschehen, da wacht die Umgebung auf: Menschen geben sich dem HERRN hin, tun Buße, und werden in Jesus eine Neuschöpfung.

Die in manchen Augen sicherlich bedeutungslose Hingabe Lindtrauds, und die trotz Müdigkeit und Erschöpfung standhafte Treue, ist kostbar in Gottes Augen. Die verborgenen, aus Liebe zu ihm verrichteten Dienste hat er angenommen. Dadurch wurde das Leben Lindes zu einem angenehmen Geruch für den HERRN, und wird weiter Frucht bringen.

Was wird Linde seit ihrem Heimgeholtwerden mit dem Herrn Jesus alles erlebt haben! Für uns ist es unausdenkbar. Diese Herrlichkeit kann einfach nicht beschrieben werden. Was waren auch die kurzen 20 Jahre auf dieser

Erde im Vergleich zu dieser Gemeinschaft.

Daß Linde ihre Schuld erkennen und bekennen durfte, ihr Begnadigung zuteil wurde, sie dem HERRN vertrauen und ihn liebenlernen durfte, wird für sie Grund ewiger Anbetung sein. Für immer bei ihm bleiben zu dürfen, ihm zur Verfügung stehen zu dürfen, das ist ihr Verlangen.

In welcher Haltung Linde während der letzten Wochen ihres Lebens alles aus der Hand Jesu willig annahm, und wie Gottes Wort die Quelle ihrer Freude und Hoffnung war, ist auch uns Ansporn, genauso alles abzugeben und ihm zu überlassen.

Schwester Elisabeth rief aus: >>Da soll mir noch einer sagen, daß sich ein Leben mit Jesus nicht lohnt!<<

Laßt es mich nochmals wiederholen: Es geht heute nicht darum, daß Menschen Wunder erleben, sondern daß sie selbst zum Wunder werden. Das allein weckt die Umgebung auf. Wenn mitten im Leid die Freude des HERRN als Stärke erlebt wird, mitten in der Trostlosigkeit sich Menschen kindlich an die Verheißungen Gottes klammern und erfahren, daß der HERR genügt und echt befriedigt, dann ist das ein Wunder.

Lukas 18,31: >>Siehe, wir gehen hinauf nach Jerusalem.<< Jerusalem bedeutete für den Herrn Jesus absolute Ergebung in den Willen des Vaters. Sein Wille, das war einziges Interesse Jesu. Seinen Willen befolgte er, und nichts, was ihm auf dem Weg an Freude oder Leid, Erfolg oder Mißerfolg begegnete, konnte ihn jemals von seinem Ziel ablenken. In Lukas 9,51 lesen wir: >>Er richtete sein Angesicht fest darauf, nach Jerusalem zu gehen.<<

Es geht darum, daß sein Wille in Erfüllung geht, nicht, daß wir unsere Ziele erreichen und unsere Wünsche erfüllt werden. Oft haben wir keine Ahnung davon, wie der HERR uns führen möchte. Wir folgen ihm, doch es sieht zuweilen aus, als ob er das Ziel verfehle - wir sind hoffnungslos Kurzsichtige.

Er kann nichts anfangen mit Menschen, die meinen, sie könnten ihm von Nutzen sein. Wir wissen nicht, wie er uns führen will und welche Absichten er verfolgt. Das einzige, was wir zu tun haben, ist bei ihm zu bleiben, mit ihm in Verbindung zu stehen. Nicht die Arbeit, die wir für ihn tun, ist ausschlaggebend, sondern unser Verbundensein mit ihm und die Atmosphäre, die dadurch erzeugt wird. Allerdings ist es gerade dieses Verbundensein mit ihm, das von den Selbstgerechten immer angegriffen wird.

Die Japaner betreiben oft eine Art Nebelpolitik. Es wird nicht klar ausgedrückt, was man sagen möchte. Beim flüchtigen Lesen dieses Büchleins mag mancher den Eindruck haben, daß der Heimgang von Lindtraud im Mittelpunkt steht. Mein eigentliches Anliegen bei der japanischen Herausgabe aber war, die vielen Gläubigen vor der endzeitlichen Verwirrung und Unterwanderung durch die charismatische Bewegung zu warnen. Der Geist der charismatischen Bewegung, von der Katholischen Kirche und dem Weltkirchenrat positiv bewertet und begrüßt, ist nicht der Heilige Geist.

Was will dieser Geist des Irrtums?

Kurz, ein Fünffaches:

(1) Dieser Geist des Irrtums will die Vereinigung der sogenannten Christenheit und damit die Überwindung aller konfessioneller Schranken. Wichtig ist dabei nicht das Wort Gottes allein, sondern die gemeinsamen religiösen Erlebnisse, wie z.B. das Reden in Zungen. Wer den Boden der Schrift verläßt und auch nur hinter ein Wort ein Fragezeichen setzt, kennt keine Heilsfreude und kann niemandem eine echte Hilfe sein, indem Menschen unters Kreuz kommen und Lobsänger seiner Gnade werden.

(2) Dieser Geist des Irrtums gibt Extra-Prophetie. Gottes geoffenbartes Wort der Schrift genügt allein nicht mehr, und damit ist man in einem falschen Fahrwasser. Zungenreden ersetzt Selbstprüfung durch Gottes Wort.

(3) Dieser Geist des Irrtums will den Menschen groß machen, ihm sog. Gaben verleihen, um ihn dadurch zu verblenden. Es ist ein Hochmutsgeist, der mit der Gesinnung Jesu nichts zu tun hat. Der Geist der Überheblichkeit ist ein anderer Geist.

(4) Dieser Geist des Irrtums pocht auf die Geistestaufe. Jeder Gerettete aber hat den Heiligen Geist bereits in der Wiedergeburt empfangen (Epheser 1,13).

(5) Dieser Geist des Irrtums ahmt das urchristliche Zungenreden nach. Wenn heute in Zungen gebetet, getanzt und in die Hände geklatscht wird, und Ungläubige kommen zu einem solchen Zusammensein, werden sie erschreckt fragen: Wo bin ich denn gelandet, in einer Gemeinde, oder in einer Irrenanstalt? Zumindest die japanische Männerwelt wird abgestoßen. Ärgernisgeben und Menschen zu Jesus führen, ist das genaue Gegenteil. Menschen, die Ärgernis geben, werden in der Schrift nicht gerade milde beurteilt: >>Für solche wäre es besser, daß ein Mühlstein an ihren Hals gehängt und sie in die Tiefe des Meeres versenkt würden.<<
Der Geist in einem Zungenredner rief aus: >>Betet mich an, ich bin Gott!<< In einem anderen Fall: >>Ich will Gott vom Thron stoßen, ich will Anbetung; das ist mir auch geglückt in der Pfingstbewegung, ich bekam Anbetung.<< Das erste Zungenreden geschah beim Turmbau zu Babel und war Gottes Gericht über den Hochmut des Menschen. Es kam zu einer Sprachverwirrung, keiner verstand den anderen mehr. Die Einheit der Menschheit wurde aufgehoben. Das zweite Zungenreden wurde zu Pfingsten erlebt und war in gewisser Weise ebenfalls ein Gerichtsurteil über einen Großteil des jüdischen Volkes, das kein anderes Volk und keine andere Sprache neben sich dulden wollte. Vollstreckt wurde dieses Gerichtsurteil im Jahr 70 nach Christus, als Jerusalem zerstört und die jüdische Nation in alle Winde zerstreut wurde. Auf der anderen Seite wurde hier die Sprachverwirrung aufgehoben, denn jeder verstand in seiner Muttersprache die

Siegesbotschaft: Es wird zu einer Einheit kommen zwischen Juden und Heiden.

Was geschah an Pfingsten?

Menschen sprachen in nicht gelernten Sprachen der damaligen Zeit, indem sie den HERRN lobten für sein vollbrachtes Erlösungswerk am Kreuz von Golgatha. Aus mindestens 15 Ländern waren die Juden nach Jerusalem geeilt, um den Gott Israels, ihren Gott, anzubeten. Sie alle verstanden aramäisch neben ihren Landessprachen. Die Apostel und Jünger lobten nun den großen Rettergott nicht in ihrer Sprache, sondern in Sprachen, die sie nie gelernt hatten. Die nach Jerusalem gekommenen Juden verstanden die Sprachen, handelte es sich doch um ihre Muttersprache. Die jedoch in Palästina wohnenden Juden konnten zum Großteil nur aramäisch, so daß sie zu dem Urteil kamen: Die sind betrunken. Merken wir uns: In der Schrift ist das Reden in Zungen immer ein Reden ZUM HERRN (1.Korinther 14,2) und nie eine Botschaft des HERRN an den Menschen. Erst nachdem zu Pfingsten in Sprachen der Heiden gepriesen, gelobt und der HERR erhoben worden war, trat Petrus auf und richtete sein erklärendes Wort AN DIE MENSCHEN - diesmal natürlich nicht mehr in Zungen. Wäre Petrus als Zungenredner aufgetaucht, hätte er nur in einer Fremdsprache Dinge ins rechte Licht rücken können, und die Mehrzahl hätte noch weniger mitbekommen als kurz zuvor, als 15 verschiedene Sprachen gesprochen wurden.

Das damalige Zungenreden machte zunächst jedem folgendes verständlich (es war eine, den Juden umwerfende, revolutionierende Botschaft): Ihr Juden aus aller Welt und auch ihr aus Judäa, habt den lebendigen Gott nicht gepachtet, er ist der Gott ALLER Völker und Nationen. Er leiht sein Ohr JEDEM, der aufrichtig sich vor ihm beugt. Wagt ja nicht mehr, Menschen für unrein zu halten (Apostelgeschichte 10,15), die der HERR zu retten bereit ist!

Nicht das Zungenreden, das ja ein Lobpreis auf den

HERRN war, führte die 3000 zu Buße und Glauben, sondern die Botschaft des Petrus, der diesmal nicht in Zungen sprach.

Die Mehrheit der Juden, war im Blick auf die anderen Völker haßerfüllt (Lukas 4, Vers 25, 27 und 29; Apostelgeschichte 22,21-22). >>Tod den Heiden!<< so wurde weithin gedacht. Jona sträubte sich, nach Ninive zu gehen, weil er befürchtete, Gott würde sich als Retter dieser Nichtjuden erweisen. Als Gott Ninive nicht zerstört, ist Jona wütend. Der HERR will retten und der Prophet hat nur den Wunsch, daß diese Stadt untergehe.

Warum hat der Heilige Geist zu Pfingsten Menschen in anderen Sprachen, nämlich in Sprachen der unwürdigen, unreinen Heiden ihren Lobpreis anstimmen lassen? Petrus sagt es klar: Es ist lediglich die Erst-Erfüllung der Voraussagen Joels: >>Ich will ausgießen von meinem Geist auf **ALLES** Fleisch, und es wird geschehen: **JEDER**, der den Namen des HERRN anrufen wird, wird errettet werden<< (Apostelgeschichte 2,17 und 21). Dem verblendeten, verstockten und eingebildeten Juden sollte damit bewiesen werden: Das vollbrachte Erlösungswerk ist für ALLE! Ausnahmslos JEDER wird gerettet, der als bußfertiger Sünder dem HERRN naht. Durch das Reden in den Sprachen dieser Heiden hat der lebendige Gott diese Tatsache bezeugt. Das Zungenreden war Zeichen und Beweis dieser gewaltigen Tatsache. Gott ist nicht nur der Gott der Juden. Er geht den Heiden entgegen und spricht sogar deren Sprache. Die vielen Juden konnten nun als Missionare in ihre Länder zurückkehren mit der großen Botschaft: Gott ist für ALLE da! JEDER kann gerechtfertigt werden!

Natürlich war alles nur erfüllte Prophetie.

Apostelgeschichte 10,43: >>Diesem geben alle Propheten Zeugnis, daß JEDER, der an IHN glaubt, Vergebung der Sünden empfängt durch seinen Namen.<< In Johannes 3,16 heißt es nicht, daß Gott eben die JUDEN geliebt hat, sondern die ganze WELT, jedes Volk und jede Rasse. Gott macht keine Unterschiede.

Zweck und Ziel der gegebenen Zungenrede waren nicht

die Gläubigen, sondern die UNGLÄUBIGEN JUDEN. Selbst als später Heiden in Zungen geredet haben, geschah es nur, um der UNGLÄUBIGEN JUDEN willen. Durch die Ausgießung des Geistes wurde gesagt: Gott, der HERR, macht aus Juden und Heiden eine Einheit, den Leib Jesu (Epheser 2,11-17). Der Heide Kornelius und alle Anwesenden sprachen in Zungen und lobten den HERRN. Warum wohl? Um der hartgesottenen Juden willen. Selbst die gläubigen Juden hatten es schwer, mit diesem Problem fertig zu werden. Als Petrus ihnen die Kunde überbrachte: >>Der Heilige Geist fiel auf sie, so wie auch auf uns im Anfang<< (Apostelgeschichte 11,15), wurden sie still, nachdenklich und dann aber doch froh: >>Dann hat also Gott auch den Nationen die Buße gegeben zum Leben<< (Apostelgeschichte 11,18).

Bei den Korinthern war die Gabe des Zungenredens noch echt, noch hatte sie ihre Daseinsberechtigung. Deshalb verbot Paulus sie nicht; er selbst sprach mehr in Zungen als sie (1.Korinther 14,18). Trotzdem ließ Paulus die Zungenrede nicht zu ohne Auslegung(1.Korinther 14,28). Klar sagt er auch, daß die Gemeinde der Gläubigen nicht der Ort sei, in Zungen zu reden (1.Korinther 14,19).
Die Zungenrede war Zeugnis Gottes, daß Gottes Heil universal ist. Darum sollte es nur dort ausgeübt werden, wo ungläubige Juden waren, und wo es verstanden werden konnte. Viele sprechen von ihren Erfahrungen und meinen, daß der HERR durch die Gabe der Zungenrede zu ihnen spräche. Die Bibel sagt, daß das Reden in Zungen eine Rede ZUM HERRN ist. Also das genaue Gegenteil (1.Korinther 14,2). Wer hat nun recht? Die Erfahrung des Menschen oder das Wort Gottes? Vielfach wird die Bibel beiseite geschoben, und der Erfahrung der erste Platz eingeräumt. Sogenannte Prophezeiungen, neue Erkenntnisse und Offenbarungen sind eine Fälschung.
Manche Charismatiker meinen nun: Durch die Zungenrede erbaue ich mich selbst (1.Korinther 14,4). Wenn wir

aber 1. Korinther 12 und 14 lesen, sehen wir, daß es nicht um den Einzelnen, sondern um >>die Anderen<< geht, um alle Glieder des Leibes. Nicht mehr sich selbst leben, nicht mehr an sich denken, nichts für sich wollen, das ist das Geheimnis, um gesegnet zu werden und ein Segen zu sein. Sich selbst erbauen wollen, ist Verrat am Leib Jesu. Der Mensch steht durch diese Ichsucht auf einem Nebengleis. Paulus sagt klar: Sich selbst erbauen, gereicht nicht zum Wohl aller und nicht zur Ehre Gottes; es ist Mißbrauch.

Schon der Kirchenvater Augustin (354-430 n.Chr.) schrieb, daß die Gabe des Zungenredens längst aufgehört habe zu existieren: >>Es waren ihrer Epoche angepaßte Zeichen. Sie dienten dazu, das Kommen des Heiligen Geistes den Menschen ALLER Sprachen anzukündigen, um zu beweisen, daß Gottes Evangelium ALLEN Sprachen der Welt gepredigt werden mußte. Dieses ZEICHEN ereignete sich, um etwas anzukünden, danach verschwand es.<<

Nicht nur die Zungenrede verschwand, auch neue Offenbarungen von Erkenntnis und Weissagung. Alle wahre Erkenntnis und Weissagung ist uns jetzt in der Schrift niedergelegt. Neue Erkenntnisse und neue Weissagungen sind nicht nötig. Wer sie zu haben meint, erliegt einer Täuschung. Heutige Erkenntnisse sind nur abgeleitet, eine Art Erklärung, was die Schrift längst klar ausgesagt hat. Es darf nichts hinzugefügt, aber auch nichts weggenommen werden.

Warum gibt es heute keine echte Zungenrede mehr? Weil das Ziel längst erreicht und der Zweck erfüllt ist. Klar sagt die Schrift, daß Gottes Heil nicht nur den Juden angeboten wird, sondern ALLEN, ohne Ausnahme der Person. Die als unrein angesehenen Heiden wurden Träger der Berufung. Israel traf schon Gottes Gericht.

Heutiges Zungenreden wird durch einen Geist des Irrtums hervorgerufen, nicht durch den Heiligen Geist.

2. RELIGION ODER OFFENBARUNG

Wenn ein Ausländer bei einem Waldspaziergang einem Eichhörnchen begegnet und er spontan ausruft: >>Armes Deutschland, kleine Füchse!<<, dann wissen wir, daß dieser Mann falsch liegt. Denn selbst ein ausgewachsenes Eichhörnchen ist kein kleiner Fuchs.

Wenn aber das heutige Christentum mit dem Herrn Jesus gleichgesetzt wird, ist das entweder bewußte Verdreherei, oder unbewußtes Verblendetsein. Wer sogar in der Einbildung lebt, das heutige Christentum sei anderen Religionen vorzuziehen, ist entweder dumm oder blind.

Ich muß gestehen, daß ich vor Jahren ehrlich dachte: Die armen Japaner! Sie sind schon zu bedauern, weil sie den Inhalt der Bibel nicht kennen.

Heute jedoch kommt es in Wehmut und Schmerz immer wieder über mich: O die armen Deutschen, die den Inhalt der Bibel kennen und sich zum Christentum zählen, evtl. sogar Mitglied einer Kirche sind, aufgrund ihrer Taufe sicherlich auch christlich beerdigt werden, und meinen, daß dies etwas mit dem ewigen Heil zu tun habe.

Oftmals wollen dann solche Leute mit Vertretern anderer Religionen Zwiegespräche führen und sind überzeugt, daß sie im richtigen Zug sitzen. Durch Argumentation und Rechthaberei ist noch keiner zum lebendigen Glauben gekommen. Religionen sind menschliches Machwerk. Der Schöpfer Himmels und der Erde, der Herrscher des Weltalls, wird nie menschliches Machwerk gutheißen oder annehmen. Jesaja 66,2: >>So spricht der HERR: Auf den will ich blicken: Auf den Elenden und den, der zerschlagenen Geistes ist und der da zittert vor meinem Wort.<<

Der Apostel Paulus stellt den Unterschied zwischen Religion und Offenbarung klar heraus: >>Ich habe es nämlich weder von einem Menschen empfangen noch erlernt, sondern durch Offenbarung Jesu Christi<< (Galater 1,12).

Es gibt Menschen, die meinen, Religion und den Glauben an den Herrn Jesus könne man miteinander vergleichen.

Das ist aber ein fataler Irrtum. Religionen entstehen durch Menschen, der Glaube an Jesus Christus ist Folge der Offenbarung von oben.

Es gibt wohl kaum einen größeren Gegensatz als den zwischen Religion und Offenbarung. Lenin hat gesagt: Religion ist Opium fürs Volk! Er hat gemerkt, daß Menschen mit innerem Halt nicht gezwungen werden können, in Fragen der Wahrheit und der echten Gottesanbetung. Eine Regierung hat es deshalb nicht leicht, und kann nicht willkürlich verfahren. Denn Unzählige werden lieber den Märtyrertod wählen, als ihrem HERRN ungehorsam sein. Lenin wollte Marionetten, die nur auf seinen Wink hören, und nicht mehr selbst denken und entscheiden. Deshalb war ihm Religion verhaßt. Natürlich können wir Lenin zustimmen, wenn wir an die vielen Religionen denken, es sei der Buddhismus oder Shintoismus, der Konfuzianismus oder der Islam oder auch das heutige Christentum. Diese Religionen sind tatsächlich Gift fürs Volk. Sie verdummen, vernebeln und verblenden den Menschen. Sie geben ihm eine falsche Hoffnung, die in die ewige Verdammnis führt.

Es sind wohl von keiner Religion so viele Menschen irregeführt worden, wie durch die katholische Kirche. Bis heute habe ich nur eine katholische Christin getroffen, die echte Heilsgewißheit hatte, die ihr aber nicht durch die Kirche vermittelt wurde. Allein durch das Lesen im Wort Gottes wurden ihr die Augen geöffnet; sie gehört heute zur Versammlung in Tokyo. Die Marienverehrung ist Götzendienst und Gotteslästerung. Der Gott, der verehrt wird, ist deshalb nicht der lebendige Gott der Bibel, sondern ein vom Menschenverstand erfundener Götze.

Religionen stammen vom Menschen. Offenbarung ist Gottes Gabe und Geschenk. Religion ist Irreführung. Offenbarung von oben führt zur Erleuchtung. Durch Religion versucht der Mensch, Gott zu erkennen. In der Offenbarung gibt sich Gott selbst zu erkennen.

Daß Religion Gift fürs Volk ist, sehen wir z.B. in Indien. Indien wird als das Armenhaus der Welt bezeichnet. Die Hälfte der Kinder Indiens ist unterernährt. Warum wohl?

Indien hat genügend Nahrungsmittel, um sich selbst zu versorgen; es könnte sogar noch exportiert werden. Warum muß aber jährlich eine Unmenge Weizen importiert werden? Wer ist schuld an diesem Elend? Die Religion!

In Indien gibt es etwa 5 Milliarden Ratten, auf einen Einwohner kommen etwa 8. Sie vertilgen mehr als alle Inder zusammen. Doch die Religion gebietet, daß Ratten heilig sind, und deshalb nicht getötet werden dürfen. Die Ratten werden nicht bekämpft, dafür sterben aber viele Kinder den Hungertod.

In Japan ist es die Dämonen- und Ahnenanbetung. Weihrauch, den Verstorbenen dargebracht, ist Dämonenanbetung, sagt Gottes Wort. Denn die Verstorbenen sind nicht mehr auf dieser Welt, sondern entweder im Totenreich oder beim Herrn. Der Mensch kann nichts mehr für die Verstorbenen tun. Was ihnen getan wird, tun wir den bösen Geistern. Doch die Religion hat Millionen verblendet und unter absolute Knechtschaft gebracht.

Die Schrift spricht klar gegen alle Faulenzerei: Wer nicht arbeiten will, soll auch nicht essen! Aber wehe, wenn, wie weithin in Japan, die Arbeit, die Firma, alles wird. Wenn man meint, was alle tun sei recht, und behauptet: Etwas tun, was andere nicht tun, sei falsch. Was gegen die Tradition ist, kann doch nicht recht sein - es muß falsch sein, selbst wenn es die Wahrheit wäre, so wird weithin gedacht.

Was ist das Resultat solchen Denkens? Sie stehen unter Gottes Gericht, sie kennen keine Gottesfurcht, fürchten dafür aber ihre Umgebung, haben Angst vor der Zukunft, vor Krankheit, vor dem Tod.

Wer um die Gunst von Menschen buhlt, hat keine Verbindung mit dem lebendigen Gott. Der Herr Jesus sagt ungeschminkt: >>Wie könnt ihr glauben (in Verbindung mit Gott stehen), da ihr Ehre nehmt von Menschen<< (Johannes 5,44).

Entweder sind wir erbärmliche Menschenknechte, oder aber freie Gottesdiener.

In diesen Tagen suchte ich im 'Lexikon zur Bibel' nach

dem Begriff RELIGION, doch er kam nicht vor, das heißt: Die Bibel hat mit Religion überhaupt nichts zu tun.

Welches Unheil die deutsche Theologie in aller Welt, auch hier in Japan, angerichtet hat, läßt sich überhaupt nicht beschreiben. Armes Deutschland! Schon ein Johann Walter hat im Jahre 1561 ausgerufen:

>>Wach auf, wach auf,
du deutsches Land!
Du hast genug geschlafen.<<

Es ist ein Trugschluß, wenn man von Kirche spricht, wo Gottes Wort >>Wiedergeborene<< meint. Das Christentum ist eine blinde Blindenleiterin. Und Gottes Urteil ist eindeutig: >>Jede Pflanze, die mein himmlischer Vater nicht gepflanzt hat, wird ausgerottet werden. Laßt sie! Sie sind blinde Leiter der Blinden. Wenn aber ein Blinder einen Blinden leitet, so werden beide in eine Grube fallen<< (Matthäus 15,14-15).

Das Christentum ist eine Religion, eine von Menschen errichtete Institution. Und der Schöpfer des Weltalls steht über den Religionen. Er wird nichts annehmen, was vom Menschen stammt, auch nicht das Christentum. Glaube doch niemand, daß das heutige Christentum eine vom himmlischen Vater gepflanzte Pflanze sei. Sein Wort geht in Erfüllung: Auf menschliches Machwerk legt der HERR keinen Segen, Ausrottung ist prophezeit.

Das Christentum ist eine Religion. Die Gemeinde Jesu aber wird als >>Leib<< bezeichnet, von dem der Herr Jesus das Haupt ist. Christentum und Gemeinde Jesu sind also nicht etwa nur >>zweierlei Stiefel<<, das eine ist Menschenwerk, eben eine Religion unter vielen anderen, das andere aber Werk des Heiligen Geistes.

>>Wer Christi Geist nicht hat, ist nicht sein!<<, d.h. er mag getauft und konfirmiert, ja er mag sogar treues Kirchenmitglied sein, aber an Christi Erlösung hat er keinen Anteil. Nur durch den innewohnenden Geist geschieht Wiedergeburt, ohne die der Mensch verlorengeht. Menschen, die durch die Wiedergeburt zum Leib Jesu

gehören - und in jeder Kirche und Gemeinde wird es solche geben - sind lebensmäßig mit dem Herrn Jesus verbunden, wie es auch Lindtraud war. Linde hat zu keiner organisierten Kirche gehört, war aber ein fröhliches Gotteskind.

Wer vom Geist Gottes getrieben wird, kann nicht anders, als die Evolutionstheorie, auch die sogenannte historisch-kritische Forschung ablehnen. Jegliche Bibelkritik ist satanisches Gift. Wo Gottes Wort nicht alleiniger Maßstab ist, befindet sich der Mensch auf einem Nebengleis. Man möchte frei sein, sich selbst verwirklichen, eben tun, wozu man Lust hat.

Wenn man bald 35 Jahre im Fernen Osten lebt, sieht man, das christliche Abendland in einem anderen Licht. Und wenn man die zum Glauben gekommenen japanischen Geschwister mit den sog. getauften Kirchenchristen daheim vergleicht, kann ich nur zu dem einen Urteil kommen: Gottes Gericht kommt!

Wo finden wir wahre Anbetung, echte Liebe dem HERRN gegenüber?

Ich habe keine Hoffnung mehr für die Kirche, auch nicht mehr für das ganze Christentum. Wer dieses sinkende Schiff noch retten will, ist schon zu bedauern.

Immer wieder kann ich es nur den vielen suchenden und verzweifelnden Japanern zurufen: Ich bitte euch dringendst, lehnt konsequent das heutige Christentum ab, denn der HERR selbst hat sich längst davon distanziert. Nehmt aber Gottes Wort ernst, es ist ein Reichtum sondergleichen. Keiner, der den Herrn Jesus in sein Leben aufnimmt, und ihm die Herrschaft über sein Leben einräumt, wird enttäuscht. Der Japaner kennt sich in der sog. Kirchengeschichte aus. Er weiß, wie die katholische Kirche z.B. Jahrhunderte hindurch wahre Gläubige verfolgt und umgebracht hat, nur weil sie die Bibel lasen. Ihm ist nicht unbekannt, was sich in den Religionskriegen zugetragen hat, und er kommt deshalb zu dem Urteil: Warum dieses Christentum? Da bleiben wir doch lieber beim Buddhismus.

Ein ganz großer Irrtum ist die Meinung vieler: Um den

Herrn Jesus kennenzulernen, und um gerettet zu werden, müsse man ins Christentum eintreten. Es ist nicht das Christentum, sondern Jesus Christus; nicht eine Religion, sondern die Offenbarung der Liebe Gottes, die Menschen neuschafft und in echte Freiheit führt.

Wir lesen in Sprüche 29,18:>>Wenn keine Offenbarung da ist, verwildert das Volk.<<

Ohne Offenbarung gibt es keine Wiedergeburt, kein neues Leben.

Ohne Offenbarung bleibt der Mensch in seiner geistlichen Verblendung.

Offenbarungslos sein bedeutet, verführt und versklavt zu sein. Fern der Quelle des wahren Lebens vegetiert der Mensch dahin.

Ohne Offenbarung gibt es keine Anbetung, der Mensch lebt nur noch für sich, denkt nur noch an sich; sein Leben gleicht einer ausgebrannten Ruine.

Was die Welt heute braucht, ist Jesus!
Er allein kann sie befrei'n!

Paulus, der Gelehrte, wäre in der Lage gewesen, viel Gelerntes an den Mann zu bringen, da er ein gewaltiges Bibelwissen sein Eigen nennen konnte, und sich in der Philosophie auskannte. Bald wäre er der Liebling vieler geworden. Doch um der Offenbarung willen, die er hatte, traf er eine folgenschwere Entscheidung: >>Ich nahm mir vor, nichts anderes unter euch zu wissen, als nur Jesus Christus, und ihn als gekreuzigt.<<

Was sagt die Schrift über den einen, wahren, lebendigen Gott und über die Offenbarung dieses HERRN? Das eine ist klar: Wir als Menschen können Gott nicht in den Griff bekommen; mit dem Verstand ist er nicht zu fassen. Alles Theologiestudium bringt da nichts. Der menschliche Verstand ist begrenzt und kann deshalb den ewigen Gott nicht erfassen. Alle Bemühungen des erdgebundenen Menschen, Gott zu erkennen, und die Ewigkeit in der Herrlichkeit zu verbringen, sind zum Scheitern verurteilt.

Der menschliche Weg, nämlich von unten nach oben, ist ein Holzweg.

Der philosophische Annäherungsversuch ist die erbärmliche Anstrengung, den Schöpfergott mittels des Verstandes zu begreifen.

Der Mystiker versucht, durch das Gefühl den Unfaßbaren zu erkennen.

Und Menschen, die auf Moral Wert legen, stützen sich auf ihre Willenskraft.

Der Philosoph wird vergeblich gegen eine Mauer rennen; der Mystiker unversehens sich im dichten Nebel verlaufen, und der Willensmensch sich auf falsche Hoffnungen stützen.

All diese Versuche werden sich als vergebliches "Sich-abmühen" herausstellen. Der Mensch, der selbst den lebendigen Gott zu erkennen meint, wird letzten Endes erfahren müssen, daß er von einem Götzen verführt worden ist. Die fatale Einbildung, daß der Mensch den lebendigen Gott erfassen könne, führt unweigerlich zur Götzenanbetung. Wer nicht den lebendigen Schöpfergott allein anbetet, sondern an irgend etwas anderem hängt, ist ein Götzendiener.

Alle Weltanschauungen und Religionen sind nicht in der Lage, den Menschen zur Erkenntnis der Wahrheit zu führen. Der von Menschen erdachte Gott ist ein Götze. Der lebendige Gott ist nicht von denkenden Menschen erschaffen, sondern der Mensch ist Produkt eines denkenden und liebenden Schöpfers. Der von den Menschen erschaffene Gott ist lediglich ein lebloser Götze, der dem Menschen kein ewiges Leben zu vermitteln vermag.

Im Gegensatz dazu gibt sich der lebendige Gott dem Menschen zu erkennen und schenkt geöffnete Herzensaugen. Es ist sein großes Verlangen, sich dem Menschen zu offenbaren! Die Erfahrung dieser Liebe Gottes nennt die Bibel >>Offenbarung.<<

Wir können von einer dreifachen Offenbarung sprechen:

I. Die Schöpfung selbst ist eine Offenbarung des Schöpfergottes

Römer 1,19-20: >>Das von Gott Erkennbare ist ihnen offenbar, denn Gott hat es geoffenbart. Denn sein unsichtbares Wesen, sowohl seine ewige Kraft, als auch seine Göttlichkeit, wird von Erschaffung der Welt an in dem Gemachten wahrgenommen und geschaut, damit sie ohne Entschuldigung seien.<<

An den Werken der Schöpfung kann jeder Mensch die Größe des Schöpfergottes erkennen. Der Mensch kann nichts aus dem Nichts erschaffen. Er kann bereits Vorhandenes erkennen, entdecken und benützen, wie z.B. die Elektrizität oder die Atomkraft. Als erschaffenes Wesen ist der Mensch in der Lage, durch die sichtbare Welt, die noch immer ein gewaltiges Wunderwerk darstellt, die Größe des Schöpfers zu erkennen. Die Schöpfung zeigt uns etwas von der Macht, Weisheit und Fürsorge dieses Gottes, der alles durch sein Wort ins Dasein rief.

Unleugbare Tatsache ist aber auch, daß durch die Sünde und Schuld des Menschen diese Schöpfung unter einem Fluch steht.

Die Schöpfung ist ein Zeugnis des Schöpfers. Je mehr die Naturwissenschaftler es mit ihrem Studium ernst meinen, desto schneller werden sie zur Erkenntnis kommen: Aus Nichts wird nichts. Wir haben es mit einem unausdenkbar gewaltigen Schöpfer zu tun. Die Schöpfung recht erkennen bedeutet, den dahinter stehenden Schöpfer zu erkennen. Und rechtes Erkennen führt zur Anbetung.

Jeder Mensch kann die Größe Gottes durch die Natur wahrnehmen, wenn er nur ehrlich genug ist, und es in Wahrheit will. Der Schöpfer hat sich in der Schöpfung geoffenbart. Was ist aber die Reaktion so vieler Menschen darauf?

Obwohl man die Schöpfung als Wunderwerk anerkennen muß, will man mit dem Schöpfer nichts zu tun haben. Deshalb ist der Mensch ehrfurchtslos geworden und kennt keine Anbetung. Wer den Schöpfergott nicht kennt, will ihn nicht anerkennen, und steht dadurch bereits unter dem Fluch.

Psalm 14,1: >>Der Tor spricht in seinem Herzen: Es ist kein Gott.<<

Den Schöpfergott nicht anerkennen wollen, ist das Tun eines Narren. Eine Entschuldigung gibt es dafür nicht. Als Lohn dieser Sünde wird der Mensch verblendet. Er kann nichts mehr erkennen und wird dann als echter Narr behaupten: Es gibt keinen Gott.

Doch der geistlich Blinde muß zum geistlich Sehenden werden; der geistlich Tote muß echtes Leben, nämlich Gottes Leben erhalten. Den Weg dahin hat der lebendige Gott selbst gebahnt. Wie bereits erwähnt, hat sich dieser Gott in der Schöpfung als der Mächtige und Fürsorgende enthüllt.

II. Der wahre, lebendige Gott hat sich in Jesus Christus geoffenbart

Durch die erschaffene Welt weiß der ehrlich suchende Mensch um die Tatsache, daß der lebendige Gott allmächtig und allwissend ist, auch daß er die Sünde und Schuld des Menschen heimsucht. Vor ihm hat das Geschöpf sich zu beugen. Dem Schöpfer muß der erschaffene Mensch huldigen. Der Schöpfer hat aber nicht nur seine Größe durch das Erschaffene bewiesen, er hat die Schuldfrage gelöst. Durch die Versöhnungs- und Erlösertat Jesu Christi am Kreuz kann der Fluch zum Segen werden. Diese unergründliche Liebe kann aber nicht durch die Schöpfung erkannt werden. Sie wurde durch den stellvertretenden Kreuzestod unseres Herrn Jesus offenbar.

Hebräer 1,1-3: >>Nachdem Gott vielfältig und auf vielerlei Weise ehemals zu den Vätern geredet hat in den Propheten, hat er am Ende dieser Tage zu uns geredet im Sohn, den er zum Erben aller Dinge eingesetzt hat, durch den er auch die Welten gemacht hat. Der hat sich, da er Ausstrahlung seiner Herrlichkeit und Abdruck seines Wesens ist und alle Dinge durch das Wort seiner Macht trägt, zur Rechten der Majestät in der Höhe gesetzt, nachdem er die Reinigung von den Sünden bewirkt hat.<<

Während die Schöpfung Gottes Werk ist, wird der Herr Jesus als Ausstrahlung der Herrlichkeit Gottes und als Abdruck seines Wesens bezeichnet. Jesus Christus selbst ist die Offenbarung Gottes! Diesen Herrn erkennen bedeutet, den lebendigen Gott kennenzulernen. Im Gegensatz zum vergeblichen Versuch des Menschen, von unten nach oben zu kommen, ist Gottes Weg von oben nach unten: Er, der Schöpfer, neigt sich herab, wird Mensch, und durch sein stellvertretendes Sterben zum Erlöser der Menschheit.

Klar hat der Herr Jesus bezeugt: >>Ihr seid von dem, was unten ist, ich bin von dem, was oben ist; ihr seid von dieser Welt, ich bin nicht von dieser Welt<< (Johannes 8,23). Gottes Wesen kann durch den Herrn Jesus erkannt werden.

Unmißverständlich sind Jesu Worte: >>Niemand hat Gott jemals gesehen, der eingeborene Sohn, der in des Vaters Schoß ist, der hat ihn kundgemacht<< (Johannes 1,18). Jesus Christus ist die Offenbarung Gottes in Person. Durch den Herrn Jesus hat sich Gott als der Gerechte und Treue, als der Liebende voller Gnade enthüllt. Wer dem Herrn Jesus begegnet, lernt diesen Erlösergott kennen.

Diese Liebe Gottes kann der menschliche Verstand oder das menschliche Gefühl weder verstehen, noch erfassen. Doch der Geist des Menschen wird durch diese Liebe belebt. Der Geist kann die Liebe erfassen und treibt zur Anbetung. Durch den Herrn Jesus möchte sich der lebendige Gott jedem Menschen ganz persönlich offenbaren.

Weil sich der große Schöpfergott in dem Herrn Jesus enthüllt hat, ist die wichtigste Entscheidung des Menschen, ob er diesen HERRN bewußt annimmt, oder sich ihm gegenüber gleichgültig verhält und damit ablehnt.

Den Herrn Jesus aufnehmen bedeutet, die notwendige Wiedergeburt erleben. Durch die Innewohnung des

Geistes weiß der Mensch, wozu es sich lohnt zu leben, er bekommt ein neues Werturteil: Nebensächliches wird wirklich zur Nebensache. Die Wahrheit erkennen ist Werk dieses Geistes, der dann weiterhin in alle Wahrheit führt. Wer den Herrn Jesus, die Offenbarung der Liebe Gottes, ablehnt, tritt die Liebe Gottes mit Füßen, geht des Heils verlustig, und muß die Folgen des ewigen Verlorenseins tragen.

Laßt uns nochmals zusammenfassen:
Durch die Schöpfung ist die Allmacht des Schöpfers erkennbar. Hinter der Sichtbarkeit steht die Wirklichkeit des unsichtbaren Schöpfers. Durch den Herrn Jesus wurde die Liebe des Erlösers erlebbar: >>Er ist offenbar geworden, um durch sein Opfer die Sünde aufzuheben<< (Hebräer 9,26).

Wie aber können wir den Herrn Jesus kennenlernen?
Durch die Bibel, das unfehlbare Wort Gottes. Das ist die dritte Offenbarung:

III. Jesus erkennen durch die Offenbarung im Wort

Zur Zeit seines Erdenlebens konnte unser HERR mit den Augen geschaut und wahrgenommen werden. Heute wird er als >>das Wort Gottes<< durch die Bibel als der Welt Heiland und Sündentilger bezeugt.
Die Bibel ist das durch den Heiligen Geist inspirierte Wort Gottes. Wohl bediente sich der Heilige Geist der unvollkommenen Menschen, doch ist sie nicht Produkt des menschlichen Geistes. Sie haben sich nicht überlegt, was geschrieben werden könnte oder sollte. Sie schrieben lediglich nieder, was ihnen der Herr gebot. Und dies auf Gottes Befehl geschriebene Wort ist Gottes Wille. Der Mensch kennt darum den Willen Gottes und wird aufgefordert, den Eigenwillen diesem Willen Gottes unterzuordnen. Wer dazu nicht bereit ist, wird nicht in

den Genuß der Gemeinschaft mit ihm kommen. Der Herr hat sich offenbart. Das ist eine unumstößliche Tatsache, ganz gleich, ob der Mensch sie glaubt, oder als fragwürdig hinstellt. Durch den Unglauben wird diese Tatsache für das eigene Leben wert- und wirkungslos. Allein durch Glauben wird der lebendige Gott persönliche Wirklichkeit.

Wer glauben will, wird glauben können. Denn kindlicher Glaube wird jedem Wollenden als Gabe des Geistes geschenkt!

Durch Glauben können wir in dem Geschaffenen den Schöpfer erkennen.

Durch Glauben kann jeder in Jesus Christus den heiligen und liebenden Erlösergott erfahren.

Durch Glauben ist es möglich, aufgrund des Wortes Gottes zur Heilsgewißheit und Freude der erlebten Errettung zu kommen.

Dies ist die von oben geschenkte, dreifache Offenbarung Gottes. Da ist alles, was der Mensch braucht. Durch Gottes Eingreifen können wir Gottes Wundermacht erkennen. Durch den Herrn Jesus kann jeder Gottes Liebe erfahren. Durch Gottes Wort ist es heute möglich, Gottes Stimme zu hören, und vom Tod zum Leben durchzudringen. Mit anderen Worten ausgedrückt:

> Gottes Macht zeigt uns den Allmächtigen,
> Gottes Liebe offenbart uns den Erlöser und
> Gottes Wort enthüllt uns den Heiligen.

Wer diesen allmächtigen, liebenden und heiligen Gott kennenlernen will, muß ihm nahen. Um ihm nahen zu können, müssen wir ins Licht. Ohne Buße und ohne echtes Zerbrochensein geht es nicht. Buße tun dürfen ist ein unermeßliches Geschenk. Wirklicher Buße muß aber dann echter Glaube, kindliches Vertrauen, folgen.

Wohl dem, der aufgrund von Gottes Eingreifen Buße tun darf, die zugesagte Vergebung in Anspruch nimmt, und als Folge Tempel des Heiligen Geistes wird. Dieses Einziehen des Geistes Gottes nennt die Schrift >>Wiedergeburt<<.

Durch den Heiligen Geist wird der verfinsterte, verblendete Verstand erleuchtet, wird das leere, einsame Herz erfüllt, und der seither von der Selbstsucht getriebene, versklavte Wille wird rufen: >>Er muß wachsen, ich aber abnehmen<< (Johannes 3,30). Die Folge ist ein völlig verändertes Leben. Kein anderer als der Apostel Paulus schreibt darüber: >>Ich habe es nämlich weder von einem Menschen empfangen, noch erlernt, sondern durch Offenbarung Jesus Christi<< (Galater 1,12).

>>Aber was irgend mir Gewinn war, das habe ich um Christi willen für Verlust geachtet; ja wirklich, ich achte auch alles für Verlust um der unübertrefflichen Größe der Erkenntnis Jesus Christi, meines Herrn, willen, um dessentwillen ich alles eingebüßt habe und es für Dreck achte, damit ich Christus gewinne und in ihm erfunden werde<< (Philipper 3,7-8).

Wer zur Erkenntnis der Wahrheit kommt, wird das bekennen dürfen.

>>Da antwortete Hiob dem HERRN und sagte: Siehe, zu gering bin ich! Was kann ich dir erwidern? Ich lege meine Hand auf meinen Mund. Einmal habe ich geredet, und ich will nicht mehr antworten; und zweimal, und ich will es nicht wiedertun...<< >>Vom Hörensagen hatte ich von dir gehört, jetzt aber hat mein Auge dich gesehen. Darum verwerfe ich mein Geschwätz und bereue in Staub und Asche<< (Hiob 40,3-5 und 42,5-6).

Paulus und Hiob erlebten: Der Mensch versucht vergeblich von unten nach oben zu klettern! Es ist ein nutzloses Rennen gegen eine unüberwindbare Mauer. Durch Offenbarung jedoch erlebt der Mühselige, Beladene und Hoffnungslose überfließende Gnade, als unverdientes Geschenk von oben.

3. WIR SEHEN ABER JESUS!

Das eine, was durch dieses Büchlein unter allen Umständen vermieden werden soll, ist die Verherrlichung eines Menschen. Lindtraud war nichts Besonderes. Das Besondere aber war, daß sie durch Gottes Gnade nichts Besonderes sein wollte. Ihr Sehnen war, den Herrn Jesus zu verherrlichen. Weil dies ihr Verlangen war, hatte sie die Gewißheit:

> Es ist genug, daß Gott, mein Vater, alles weiß!
> Nichts kann diesen Glauben trüben!
> Das Beste Er denen gern verheißt,
> die ihn von ganzem Herzen lieben!

Lindtraud hatte gelernt, dem HERRN alle Last zu bringen, in ihm zu ruhen, und sich seiner zu erfreuen unter allen Umständen. Es gibt einen Frieden, der höher ist als alle Vernunft. Linde hatte diesen Frieden und konnte deshalb gelassen sein. Wer mit dem Herrn Jesus in Verbindung steht, kann ruhig und unbesorgt in die Zukunft sehen. Zweifellos war ihr Zustand durch die großen Schmerzen und die starke Müdigkeit oft so: Ich kann nicht mehr beten, ich kann kaum mehr glauben, aber ich vertraue! Linde war nichts Besonderes, doch Linde war ein Mensch, der mit Gott in Ordnung war! In Ordnung sein mit Gott, darum geht es!

Vor 2600 Jahren mußte Jesaja , der Prophet, dem König Hiskia folgende Botschaft übermitteln: >>So spricht der Herr! Bestelle dein Haus! Denn du wirst sterben und nicht am Leben bleiben<< (2.Könige 20,1). Ein anderer Prophet, nämlich Amos, rief aus: >>Mach dich bereit, deinem Gott zu begegnen<< (Amos 4,12). Unmißverständlich klar sagt Gottes Wort: >>So wie es dem Menschen gesetzt ist, einmal zu sterben, danach aber das Gericht<< (Hebräer 9,27). Wehe, wer sich nicht demütigen und beugen will, wer nicht bereit ist, mit allem ans Licht zu kommen. Nach dem Tod wird es ein schreckliches Erwachen geben. Es stimmt, was Gottes Wort sagt: >>Es ist furchtbar, in die

Hände des lebendigen Gottes zu fallen!<< >>Denn auch unser Gott ist ein verzehrendes Feuer<< (Hebräer 10,31 und 12,29).

Unser HERR kommt bald, um alle wahren Gläubigen zu sich in die Herrlichkeit zu holen! Es ist keine Zeit, ein geruhsames, ichsüchtiges Leben zu führen. Jeglicher Kompromiß ist Flucht vor der Selbstverleugnung und deshalb Flucht vor dem Kreuz. Wehe, wer Menschen zu gefallen sucht und keine Furcht Gottes kennt. Gerichte wie noch nie werden über diese Welt bald hereinbrechen. Die Zukunft ist für alle, die nicht mit Jesus lebensmäßig, organisch verbunden sind, dunkelste Finsternis. Deshalb bringe dein Leben in Ordnung mit Gott! Schicke dich an zur Begegnung mit Gott!

Natürlich soll dieses Büchlein auch keine Reklame für das Christentum sein. Das heutige Christentum vertritt Grundsätze, die mit dem Wort Gottes nichts zu tun haben. Die ganze Kirchengeschichte ist Zeuge dieser Tragödie. Das Christentum ist zur Religion geworden. Wie andere Religionen versucht man, Mitglieder zu werben, um letzten Endes eben das Geld dieser Glieder einstreichen zu können. Religion war schon immer ein gutgehendes Geschäft. Und Millionen sind irregeführt und betrogen.

Unser HERR hat mit Religionen nichts zu tun. Der Herr Jesus ist nicht Begründer des heutigen Christentums, sondern der Erlöser der Menschheit. Um Vergebung der Schuld zu bekommen, um ewiges Leben zu erhalten, um freudig sterben zu können, brauchst du nicht Mitglied einer Kirche werden, brauchst du auch nicht getauft zu werden, ist es auch nicht nötig, zuerst den ganzen Inhalt der Bibel zu kennen.

Gottes Wort sagt:

Komm zu Jesus, bekenne ihm deine Schuld! Bekennen heißt: Eigene Sünde erkennen, bekennen, hassen, lassen, und - wenn möglich - wieder gutmachen.

Sprüche 28,13: >>Wer seine Verbrechen zudeckt, wird keinen Erfolg haben; wer sie aber bekennt und läßt, wird Erbarmen finden<<.

Wer sich vor ihm beugt, darf glauben: Mir ist vergeben,

der Herr Jesus hat mich angenommen. Denn es heißt: >>Wer zu mir kommt, den werde ich nicht hinausstoßen<< (Johannes 6,37).

Kennzeichen dieses kindlichen Glaubens ist, daß bewußt gedankt wird:

>>Herr Jesus! Ich danke Dir, daß Du meine Schuld vergeben hast, denn Du bist kein Lügner. Ich kann es zwar nicht verstehen, noch weniger fühlen, doch Dein Wort sagt es und Dein Wort ist Wahrheit. Ich danke Dir, daß ich Dein Eigentum sein darf. Bitte führe mich! Du sollst nun HERR meines LEBENS SEIN! HERR, was willst Du, daß ich tun soll?<< Wer nach dem Willen des HERRN fragt und ihn besser kennenlernen möchte, und nur das Verlangen hat, ihn zu erfreuen, dessen Leben wird gekennzeichnet sein von sofortigem, freudigem Gehorsam, und es wird Frucht gebracht für Jesus. Ob dein Glaube echt ist, zeigt sich daran, ob du dem Herrn gehorchst oder nicht.

Gehorsam ohne Opfer gibt es nicht. Doch wo gehorcht wird, wo Opfer gebracht werden, da entsteht Frucht. Wer nicht bereit ist, sich selbst zu verleugnen, wird nie Frucht bringen. >>Wenn das Weizenkorn nicht in die Erde fällt und stirbt, bleibt es allein. Wenn es aber stirbt, bringt es viel Frucht<< (Johannes 12,24).

Wir aber sehen Jesus! Wohl dem, der diese Haltung ganz bewußt einnimmt! Wer auf ihn blickt, für den wird die sichtbare vergängliche Welt zur Nebensache. Wer auf ihn blickt, hat das Verlangen, nur ihm zu gefallen, und ihm Freude zu machen. Zu seiner Verherrlichung leben und für ihn Frucht bringen zu dürfen, das war Lindtrauds Bitte und Gebet. Ihn selbst darf unsere Linde nun schauen von Angesicht zu Angesicht.

Doch für uns Zurückgebliebenen geht der Kampf weiter. Wir alle sind aufgerufen, wegzublicken von allem Sichtbaren und hinzublicken auf Jesus, den HERRN! Wir alle sind berufen, ihm zu dienen und Frucht für ihn zu bringen! Wohl uns, wenn wir heute den Herrn Jesus bitten und uns selbst ihm als Ganzopfer übergeben mit dem Sehnen: FRUCHT FÜR JESUS UM JEDEN PREIS!

Bei der Gedächtnisfeier Lindtrauds im Mutterhaus Aidlingen hat der Schwesternchor folgendes Lied gesungen:

Er kommt wieder! Jauchze, Erde!
Bald kennst du kein Seufzen mehr.
Heil'ge Botschaft, wie belebst du,
uns're Herzen freu'n sich sehr.

Noch versagen dir die Menschen
Huldigung, o Gottessohn;
doch bald muß sich alles beugen,
HERR, vor deinem Königsthron.

Jetzt sind wir noch in der Fremde,
tragen uns'res Heilands Schmach;
bald sind wir des Himmels Bürger,
die wir folgten Jesus nach.

Heil'ge Hoffnung, sel'ge Aussicht!
Mache deine Botschaft kund!
Voll Begeisterung verkünde,
daß es geht von Mund zu Mund.

Er kommt wieder, Halleluja!
Friedefürst, o komme bald,
daß auf uns'rer armen Erde nur noch,
HERR, dein Lob erschallt!

Wo Gottes Geist sein Werk in unseren Herzen tun kann, da wird der Mensch frei. Er braucht nicht mehr gebunden zu sein durch Selbstmitleid. Er braucht sich nicht mehr eingeengt zu fühlen durch Krankheit. Er braucht sich nicht niederziehen zu lassen durch Hoffnungslosigkeit. Trotz aller Nacht, Finsternis und Aussichtslosigkeit hielt Linde daran fest: der HERR ist es, den ich brauche: in der Finsternis ist er mein Licht. In der Hoffnungslosigkeit ist er meine Hoffnung; in den Schmerzen ist er meine Freude! Außer Jesus brauche ich nichts und niemand!

Lindtrauds Heimgang sagt uns: >>Alles kann Gott, nur eines nicht, nämlich die enttäuschen, die ihm vertrauen!<< Lindtrauds Krankheit war ein Ruf zur Besinnung. Viele besannen sich bis jetzt und wurden gerettet und in wunderbarer Weise gesegnet und gebraucht.

Der Mutterhauschor sang noch ein Lied:

Auf den ew'gen Bergeshöhen
liegt ein helles Morgenrot;
noch ein Augenblick, dann stehen
wir in Herrlichkeit vor Gott.!
Dort auf jenen reinen Auen
werden wir sein Antlitz schauen.

Alle Nebel sind geschwunden,
alles, was die Sonne scheut,
und vorüber sind die Stunden
in der Nacht und Dunkelheit.
Keine Mühe, keine Leiden,
nur noch ungetrübte Freuden.

Nach der heißen Wüstenreise,
frische Quellen, sel'ge Ruh!
Uns're Herzen finden Speise,
Lebenswasser strömt uns zu.
Keine Schwüle, kein Ermatten
unter des Allmächt'gen Schatten.

Jener Höhen Herrlichkeiten
löschen aus für immerdar
die Erinnerung an Zeiten
nah am Abgrund, in Gefahr.
Keine Not mehr, kein Gedränge,
sondern frohe Lobgesänge.

In dem Himmel selbst, für immer,
sehn wir ihn, so wie er ist.
Diese Hoffnung läßt uns nimmer,
du versprachst es, Jesus Christ.
Trotz viel Kampf und heißem Ringen
muß der Lauf uns doch gelingen.

Der, dessen Schuld dem lebendigen Gott gegenüber noch
nicht vergeben ist, kann nicht freudig in die Zukunft
schauen. Resultat ist innere Haltlosigkeit und ein Gehetzt-
und Gejagtwerden.

Ich bitte dich herzlich: Bete zum Herrn Jesus! Bekenne
ihm deine Schuld und deine Not und danke ihm, daß er
sein Leben gab als Lösegeld! Übergib ihm die Herrschaft
deines Lebens und stütze dich allein auf Gottes Wort!

Rettender Glaube gründet sich nicht auf den Verstand,
auch nicht auf das Gefühl, sondern allein auf Gottes Wort.
Nicht verstehen wollen, nicht fühlen wollen, sondern
kindliches Vertrauen auf Gottes Wort allein, gibt Sicherheit.

Zur Hilfe sollen noch einige Bibelverse angeführt werden.
Lies sie in deiner Bibel, denke darüber nach, und danke
dem Herrn für den Inhalt jedes einzelnen Verses, und der
Herr wird dich segnen.

(1) Gottes Wort als einziges Fundament:

Heilige sie durch die Wahrheit: Dein Wort ist Wahrheit.
Johannes 17,17;

Deine Worte waren vorhanden,
und ich habe sie gegessen,
und deine Worte waren mir zur Wonne
und zur Freude meines Herzens;
denn ich bin nach deinem Namen genannt,
Jehova, Gott der Herrscharen.
Jeremia 15,16

Dies habe ich euch geschrieben, auf daß ihr wisset, daß ihr ewiges Leben habt, die ihr glaubet an den Namen des Sohnes Gottes.
1.Johannes 5,13

Die ihr nicht wiedergeboren seid aus verweslichem Samen, sondern aus unverweslichem, durch das lebendige und bleibende Wort Gottes.
1.Petrus 1,23

Dein Wort ist Leuchte meinem Fuße und Licht für meinen Pfad.
Psalm 119,105

Die Summe deines Wortes ist Wahrheit und alles Recht deiner Gerechtigkeit währt ewiglich.
Psalm 119,160

Ich freue mich über dein Wort, wie einer der große Beute findet.
Psalm 119,162

(2)   Über Buße und Glauben:

Wenn wir unsere Sünden bekennen, so ist er treu und gerecht, daß er uns die Sünden vergibt und uns reinigt von aller Ungerechtigkeit.
1.Johannes 1,9

Wer seine Übertretungen verbirgt, wird kein Gelingen haben; wer sie aber bekennt und läßt, wird Barmherzigkeit erlangen.
Sprüche 28,13

Glückselig der, dessen Übertretung vergeben, dessen Sünde zugedeckt ist!
Glückselig der Mensch, dem Jehova die Ungerechtigkeit

nicht zurechnet, und in dessen Geist kein Trug ist!
Als ich schwieg, verzehrten sich meine Gebeine durch
mein Gestöhn den ganzen Tag.
Denn Tag und Nacht lastete auf mir deine Hand;
verwandelt ward mein Saft in Sommerdürre.
Ich tat dir kund meine Sünde und habe meine
Ungerechtigkeit nicht zugedeckt. Ich sagte: Ich will
Jehova meine Übertretungen bekennen; und du, du hast
vergeben die Ungerechtigkeiten meiner Sünde.
Psalm 32,1-5

Suchet Jehova, während er sich finden läßt;
rufet ihn an, während Er nahe ist.
Der Gesetzlose verlasse seinen Weg und der Mann des
Frevels seine Gedanken; und er kehre um zu Jehova, so
wird er sich seiner erbamen und zu unserm Gott, denn er
ist reich an Vergebung.
Jesaja 55,6-7

Alles was mir der Vater gibt, wird zu mir kommen, und
wer zu mir kommt, den werde ich nicht hinausstoßen.
Johannes 6,37

(3)   Jesus als Stellvertreter:

Fürwahr, er hat unsere Leiden getragen, und unsere
Schmerzen hat er auf sich geladen. Und wir, wir hielten
ihn für bestraft, von Gott geschlagen und niedergebeugt;
doch um unserer Übertretungen willen war er
verwundet, um unserer Missetaten willen zerschlagen.
Die Strafe zu unserem Frieden lag auf ihm, und durch
seine Striemen ist uns Heilung geworden.
Wir alle irrten umher wie Schafe, wir wandten uns ein
jeder auf seinen Weg; und Jehova hat ihn treffen lassen
unser aller Ungerechtigkeit.
Jesaja 53,4-6

Welcher selbst unsere Sünden an seinem Leibe auf dem
Holze getragen hat, auf daß wir, den Sünden abgestorben,
der Gerechtigkeit leben, durch dessen Striemen ihr heil
geworden seid.
1.Petrus 2,24

Den, der Sünde nicht kannte, hat er für uns zur Sünde
gemacht, auf daß wir Gottes Gerechtigkeit würden in
ihm.
2.Korinther 5,21

(4) Vom Wert des vergossenen Blutes:

Kommt denn und laßt uns miteinander rechten, spricht
Jehova. Wenn eure Sünden wie Scharlach sind, wie
Schnee sollen sie weiß werden; wenn sie rot sind wie
Karmesin, wie Wolle sollen sie werden.
Jesaja 1,18

Und werden umsonst gerechtfertigt durch seine Gnade,
durch die Erlösung, die in Christo Jesu ist; welchen Gott
dargestellt hat zu einem Gnadenstuhl durch den Glauben
an sein Blut, zur Erweisung seiner Gerechtigkeit wegen
des Hingehenlassens der vorher geschehenen Sünden
unter der Nachsicht Gottes:
Zur Erweisung seiner Gerechtigleit in der jetzigen Zeit,
daß er gerecht sei und den rechtfertige, der des Glaubens
an Jesu ist.
Römer 3,24-26

Wenn wir aber in dem Lichte wandeln, wie er in dem
Lichte ist, so haben wir Gemeinschaft miteinander und
das Blut Jesu Christi, seines Sohnes, reinigt uns von aller
Sünde.
1.Johannes 1,7

In welchem wir Erlösung haben durch sein Blut, die Vergebung der Vergehungen nach dem Reichtum seiner
Gnade. Epheser 1,7

In dem ihr wisset, daß ihr nicht mit verweslichen Dingen, mit Silber oder Gold, erlöst worden seid von eurem eitlen von den Vätern überlieferten Wandel, sonderm mit dem kostbaren Blute Christi, als eines Lammes ohne Fehl und ohne Flecken.
1.Petrus 1,18-19

Und sie haben ihn überwunden um des Blutes des Lammes und um des Wortes ihres Zeugnisses willen, und sie haben ihr Leben nicht geliebt bis zum Tode!
Offenbarung 12,11

(5) Über die Heilsgewißheit:

Und nun, so spricht Jehova, der dich geschaffen, Jakob, und der dich gebildet hat, Israel: Fürchte dich nicht, denn ich habe dich erlöst; ich habe dich bei deinem Namen gerufen, du bist mein.
Jesaja 43,1

Ich, ich bin es, der deine Übertretungen tilgt um meinetwillen und deiner Sünden will ich nicht mehr gedenken.
Jesaja 43,25

Ich habe deine Übertretungen getilgt wie ein Nebel, und wie eine Wolke deine Sünden.
Jesaja 44,22

Er aber sprach zu ihr, deine Sünden sind vergeben.
Lukas 7,48

Denn ich werde ihren Ungerechtigkeiten gnädig sein, und ihrer Sünden und ihrer Gesetzlosigkeiten werde ich nie mehr gedenken.
Hebräer 8,12

Ihrer Sünden und ihrer Gesetzlosgkeiten werde ich nie
mehr gedenken.
Hebräer 10,17

So weit der Osten ist vom Westen, hat er von uns entfernt
unsere Übertretungen.
Psalm 103,12

Ich will dich nicht versäumen noch dich verlassen, so daß
wir kühn sagen mögen: Der Herr ist mein Helfer, und ich
will mich nicht fürchten; was wird mir ein Mensch tun?
Hebräer 13,5b-6

(6)   Sorgen verboten!

Der aber unter die Dornen gesäht ist, dieser ist es, der das
Wort hört, und die Sorge dieses Lebens und der Betrug
des Reichtums ersticken das Wort, und er bringt keine
Frucht.
Matthäus 13,22

Deshalb sage ich euch: Seid um nichts besorgt für euer
Leben, was ihr essen und was ihr trinken sollt, noch für
euren Leib, was ihr anziehen sollt. Ist nicht das Leben
mehr als die Speise, und der Leib mehr als die Kleidung?
Sehet hin auf die Vögel des Himmels, daß sie nicht säen
noch ernten, noch in Scheunen sammeln, und euer
himmlischer Vater ernährt sie. Seid ihr nicht viel
vorzüglicher als sie?
Wer aber unter euch vermag mit Sorgen seiner Größe
eine Elle zuzusetzen?
Und warum seid ihr um Kleidung besorgt? Betrachtet die
Lilien des Feldes, wie sie wachsen: Sie mühen sich nicht,
auch spinnen sie nicht.
Ich sage euch aber, daß selbst nicht Salomon in all seiner
Herrlichkeit bekleidet war, wie eine von diesen.
Wenn aber Gott, das Gras des Feldes, das heute ist und
morgen in den Ofen geworfen wird, also kleidet, nicht

viel mehr euch Kleingläubige?

So seid nun nicht besorgt, in dem ihr saget: Was sollen wir essen? oder: Was sollen wir trinken? oder: Was sollen wir anziehen?

Denn nach allem diesen trachten die Nationen; denn euer himmlischer Vater weiß, daß ihr dies alles bedürfet.
Matthäus 6,25-32

Seid um nichts besorgt, sonderm in allem lasset durch Gebet und Flehen mit Danksagung eure Anliegen vor Gott kundt werden; und der Friede Gottes, der allen Verstand übersteigt, wird eure Herzen und euren Sinn bewahren in Christo Jesu.
Philipper 4,6-7

In dem ihr alle eure Sorge auf ihn werfet, denn er ist besorgt für euch.

Seid nüchtern, wachet; euer Widersacher, der Teufel, geht umher wie ein brüllender Löwe und sucht, wen er verschlinge.

Dem widerstehet standhaft im Glauben, da ihr wisset, daß dieselben Leiden sich vollziehen an eurer Brüderschaft, die in der Welt ist.
1.Petrus 5,7-9

Wirf auf Jehova, was dir auferlegt ist, und er wird dich erhalten; er wird nimmermehr zulassen, daß der Gerechte wanke.
Psalm 55,22

(7) Bei Glaubensprüfungen:

Glückselig der Mann, der Versuchung erduldet! Denn nach dem er bewährt ist, wird er die Krone des Lebens empfangen, welche er denen verheißen hat, die ihn lieben.
Jakobus 1,12

Unterwerfet euch nun Gott. Widersteht dem Teufel, und er wird von euch fliehen.
Nahet euch Gott, und er wird sich euch nahen. Säubert die Hände ihr Sünder und reinigt die Herzen, ihr Wankelmütigen.
Jakobus 4,7-8

Keine Versuchung hat euch ergriffen, als nur eine menschliche; Gott aber ist treu, der nicht zulassen wird, daß ihr über euer Vermögen versucht werdet, sondern mit der Versuchung auch den Ausgang schaffen wird, so daß ihr sie ertragen könnt.
1.Korinther 10,13

Seid nüchtern, wachet; euer Widersacher, der Teufel, geht umher wie ein brüllender Löwe und sucht, wen er verschlinge.
Dem widerstehet standhaft im Glauben, da ihr wisset, daß dieselben Leiden sich vollziehen an eurer Brüderschaft, die in der Welt ist.
der Gott aller Gnade aber, der euch berufen hat zu seiner ewigen Herrlichkeit in Christo Jesu, nachdem ihr eine kleine Zeit gelitten habt, er selbst wird (euch) vollkommen machen, befestigen, kräftigen, gründen.
1.Petrus 5,8-10

Die ihr durch Gottes Macht durch Glauben bewahrt werdet zur Errettung, die bereit ist, in der letzten Zeit geoffenbart zu werden; worin ihr frohlocket, die ihr jetzt eine kleine Zeit, wenn es nötig ist, betrübt seid durch mancherlei Versuchungen, auf daß die Bewährungen eures Glaubens, viel köstlicher als die des Goldes, das vergeht, aber durch Feuer erprobt wird, erfunden werde zu Lob und Herrlichkeit und Ehre in der Offenbarung Jesu.
1.Petrus 1,5-7

Und er hat zu mir gesagt: Meine Gnade genügt dir, denn meine Kraft wird in Schwachheit vollbracht. Daher will

ich am allerliebsten mich meiner Schwachheiten rühmen, auf daß die Kraft des Christo über mir wohne. Deshalb habe ich Wohlgefallen an Schwachheiten, an Schmähungen, an Nöten, an Verfolgungen, an Ängsten für Christum; denn wenn ich schwach bin, dann bin ich stark.
2.Korinther 12,9-10

Nicht allein aber das, sondern wir rühmen uns auch der Trübsale, da wir wissen, daß die Trübsal Ausharren bewirkt, daß Ausharren aber Erfahrung, die Erfahrung aber Hoffnung, die Hoffnung aber beschämt nicht, denn die Liebe Gottes ist ausgegossen, in unsere Herzen durch den Heiligen Geist, welcher uns gegeben worden ist.
Römer 5,3-5

Wir wissen aber, daß denen, die Gott lieben, alle Dinge zum Guten mitwirken, denen, die nach Vorsatz berufen sind.
Römer 8,28

Er gibt den Müden Kraft, und dem Unvermögenden reicht er Stärke dar in Fülle.
Und Jünglinge ermüden und ermatten, und junge Männer fallen hin;
aber die auf Jehova harren, gewinnen neue Kraft: Sie heben die Schwingen empor wie Adler, sie laufen und ermatten nicht, sie gehen und ermüden nicht.
Jesaja 40,29-31

Stern, auf den ich schaue,
Fels, auf dem ich steh';
Führer, dem ich traue,
Stab, an dem ich geh';
Brot, von dem ich lebe,
Quell an dem ich ruh',
Ziel, das ich erstrebe:
Alles, HERR, bist du!

Ohne dich, wo käme
Kraft und Mut mir her?
Ohne dich, wer nähme
meine Bürde, wer?
Ohne dich, zerstieben
würde mir im Nu
Glauben, Hoffen, Lieben.
Alles, HERR, bist du!

Drum, so will ich wallen
meinen Pfad dahin,
bis dein Ruf wird schallen
und daheim ich bin.
Dann mit neuem Singen
jauchz' ich froh dir zu:
Nichts hab ich zu bringen:
Alles, HERR, bist du!

Und ich, ich weiß,
daß mein Erlöser lebt,
und als der Letzte
wird ER auf der Erde stehen;
und nach meiner Haut
die also zerstört ist,
werde ich aus meinem Fleische
Gott anschauen,
welchen ich selbst mir anschauen,
und den meine Augen sehen werden,
und kein anderer.

Hiob 19, 25 - 27

Sel'ge Hoffnung! Du kommst wieder,
läßt die Glieder nicht zurück.
Bald verkünden neue Lieder
droben unser ew'ges Glück.
Dann ist jeder Wunsch erfüllt,
unser Sehnen ganz gestillt.

Ruhen werden dann die Glieder
ewig dort, vereint mit Dir.
Keine Trübsal kehret wieder,
keine Träne fließt wie hier.
Ewig fern ist alles Leid,
jedes Herz füllt Seligkeit.

Und anbetend wird dann singen
Deine teu'r erkaufte Schar,
Dir, den Lamme, Ehre bringen,
Gott erheben immerdar.
Welch ein Glück, bei Dir zu sein!
Komm, o Jesu, führ uns ein!

Geliebte,
jetzt sind wir Kinder Gottes,
und es ist noch nicht offenbar geworden,
was wir sein werden;
wir wissen,
daß, wenn es offenbar werden wird,
wir ihm gleich sein werden,
denn wir werden ihn sehen,
wie ER ist.

1. Johannes 3,2

Hinweise für Interessenten
an der Missionsarbeit in Japan:

Adresse des Missionars in Japan:

Gotthold Beck
4-9-11 Kichijoji Honcho
Musashino Shi
Tokio 180, Japan

**Freundeskreis "Frucht ist Gnade" in Deutschland
(Kontaktadresse):**

Ewald Pletsch
Zeppelinallee 52
45883 Gelsenkirchen
Tel 0209/492031 Fax 0209/469840

Nähere Informationen bitte anfordern!